殺人の追憶

惨劇と悲劇はなぜ起きたのか
犯人５人の告白を書き記す

高木瑞穂

TETSUJINSYA

殺人の追憶
惨劇と悲劇はなぜ起きたのか 犯人5人の告白を書き記す

目次

おわりに

※本書掲載の情報は2024年11月現在のものです。
※掲載写真は取材当時のものです。
※敬称は一部を除き省略しています。

はじめに

本書に登場する犯人5人ははじめから〝殺人〟まっしぐら、ではなかった。歩んできた道のりが動機をうみ、知人や近親者の命を奪っていた。合理か不条理か、もっと言えば身勝手な行為か嘱託殺人か、そんな境界線がすべてぼやけ、殺しと地続きとなっているかのようだった。

私も人を殺したいと思ったことがある。思っただけではなく、怒りにまかせて思わず包丁を手にしてしまったことだってある。〝やる〟〝やらない〟の境界線はぼやけていない。そう断言する自信が持てなくなるほどの一幕だった。

でも、それでも、私は実行しなかった。なぜなら、〝やる〟前に自分のなかに染み込む〝後悔〟が先に立つからだ。

描いていた青写真がギュウギュウと胸をしめつけ、悲しく、苦しかった。この先にあるのは「漂流の日々」だとして、芽生えた動機を心の奥底へと戻すことを後押しした。

だが、殺人犯たちはそうではない。仮に後悔がふくらんだとしても、私と違い前後する。

それが殺人というものなのか――。

人が人を殺める心の闇は、その身となった者にしかわからない。惨劇や悲劇はなぜ起きたのか。

事件の背景には、どんな綱引きがあったのか。

それが知りたくて殺人犯たちへの取材は始まった。

高木瑞穂

本文写真＝著者／八木澤高明（P１６８〜１７３）／小松寛之（P２３２〜２３３、２３８、２３９）

川崎老人ホーム連続転落死事件

死刑囚と過ごした３２８０日
無罪主張から一転、罪を認め犯行を語るまで

疑われているなという自覚はあったが、突き落としてはいない

「なんですか？　時間がないんですよ。17時半から歯医者なんで。撮影、やめてもらっていいですか？　帰りますよ。人の目もあるんだから」

――施設の入居者3人が転落したときの状況は？

「いまはお話しできない。私の判断だけではそういう話はできないんですよ」

――誰かの関与も疑われています。

「関与がどういう意味かわからない」

――転落死が起きたすべての夜に勤務していましたよね？

「私が当直していたのは事実です。でも、なにも関与していないんですよ。現場に居合わせたという事実もありません」

――では、一連の出来事についてどう感じていますか？

「私の判断だけではなにも語れないんです。本当は言いたいこともあるんですが、施設との関係

もあるし、しゃべれない」

――転落死を伝える報道を見て、どんな気持ちか。

「不安な気持ちがあります」

――不安とは？

「自分が疑われているのではないか、という不安です」

――なぜこんなことが起きてしまったのでしょうか？

「個人的には、転落事故は食い止められたんじゃないかと後悔しています。自分が関わっていた方々が亡くなってしまうなんて」


これは、入居者3人を転落死させたとして殺人罪に問われ、後に死刑が確定した男による、逮捕前の答弁だ。男は当時、私が記者をしていた写真週刊誌『ＦＲＩＤＡＹ』で、一緒に取材で回っていた同僚記者からの質問に対して、終始落ち着いた口調でこう返していた。

２０１４年9月初旬のことだ。短髪で小太り。特徴はひときわ目立つ黒縁メガネくらいか。どこにでもいそうな普通の青年は、このとき逮捕の瀬戸際に立っていたにもかかわらず、あるのは

「自分が疑われている不安だけ」だと関与を否定し、焦りは微塵もみせてはいなかった。

男は誰で、当初は関与を否定していたこととは何か。介護施設元職員の今井隼人（当時21歳）で、神奈川県・川崎市内の老人ホームで高齢の男女3人が相次いで転落死した事件である。

事件は2014年11月～12月にかけて起きた。現場は川崎市内の介護付き有料老人ホーム「Sアミーユ川崎幸町（※現在は名称が変更されている）」。京急川崎駅から歩いて10分ほどの場所に、その建物はある。

近隣住民は語る。

「老人ホームから怒鳴り合う声が聞こえました。その後、救急車両の音が聞こえて、気づけば下に人が転落していました」

「事件が起きたころ、頻繁に救急車のサイレンが聞こえました。最初は老人ホームだからと気にもとめなかったけど、あまりに連続したのでよく覚えています」

施設は2011年秋に開業した鉄筋コンクリート6階建て。介護居室数は80で、すべて個室。入居料は月額22万円。

専門学校時の今井隼人（卒業アルバムより）

介護保険を利用する多くの高齢者が暮らしていたここで、入所者3人の不審死が相次いだのだ。11月3日夜から4日未明の間に要介護3で当時87歳男性・丑沢《うしざわ》民雄さんが4階403号室号室のベランダから転落して死亡。12月9日と31日にも、要介護2の86歳・仲川智恵子さんと、要介護3で96歳・浅見布子さんの女性2人が、それぞれ4階403号室と6階601号室のベランダから落ちて命を落とした。

いずれも時間帯は深夜。そして、この施設では毎晩3人の職員が宿直していたが、その足跡を追うと、入居者3人が転落したすべての夜に勤務していたのが冒頭で関与を否定していた今井だったのだ。

要介護2とは、支えがないと立ち上がったり、歩けない状態を指す。食事や排泄《はいせつ》などの場面では、見守りや手助けが必要になる。そして要介護3になると、食事や排泄だけでなく、着替え、歯磨きなどあらゆる場面で介助を必要とする。ベランダの手すりの高さは約120cmだった。しかも女性2人は、いずれも身長140cm台と小柄だった。

足が不自由で小柄な方々がベランダを飛び越えて自死する、はずがない――死亡者3人の要介護レベル、背丈や手すりの高さ、そのどちらからも事故ではなく事件であることは、私でも容易に想像された。

ところが意外や、蓋を開ければ目撃者はおらず、監視カメラも設置されておらず、遺書もないことで捜査は暗礁に乗り上げていた。しかも、転落死があったすべての夜に勤務していた今井が「疑われているなという自覚はあったが、突き落としてはいない」と任意の取り調べで関与を否定したことで打つ手はなくなり、警察は司法解剖もせぬまま事故処理しようとしていた。

初動捜査では、警察は事故や自殺の可能性が高いとの観点から、殺人事件を扱う捜査一課との情報共有や連携要請をしていなかったという。そうしたこともありこの連続不審死は、よもや〝迷宮入り〟寸前だったのだ。

事故死から一変、殺人事件へ

〈自室以外から転落死か　96歳、裏庭で発見　川崎・老人ホーム／神奈川県〉
川崎市幸区の老人ホーム「Sアミーユ川崎幸町」で高齢の男女3人が相次ぎ転落死した問題で、市は7日に会見を開き、転落の状況や施設内での過去のトラブルなどについて明らかにした。昨年12月31日未明に6階から転落した女性（当時96）は、居室とは別の部屋のベランダから裏庭に落ちたとみられるという。

市によると、女性は施設北東側の609号室に入所していたが、施設内の通路を挟んだ601号室の下の裏庭で倒れていた。要介護度3と認定されていたという。601号室には別の入所者がいた。

昨年11月4日未明に4階から転落した男性（当時87）と、同12月9日未明に同階から転落した女性（当時86）も同じ裏庭で発見された。施設の報告書では、いずれも「県警の現場検証の結果、転落による事故」とされていたという。県警は経緯に不審な点がないか改めて慎重に調べている。

市によると、市内には2千前後の介護事業所があるが、ベランダからの転落死の報告は昨年度、この3件だけだった。市は近く、施設側に再発防止を再度指導し、入所者らの不安を取り除くために一連の経緯を丁寧に説明するよう求める。

一方、今年5月に入所者の女性（当時85）の家族から「虐待を受けた」と訴えがあり、市は今夏、施設側に改善を求めた。職員4人が、女性に「死ね」と暴言を吐いたり、頭をたたいたりするなどしたという。

（朝日新聞　２０１５年９月８日朝刊）

マスコミの取材レースが本格的に始まったのは、川崎市健康福祉局高齢者事業推進課の関川真一課長が会見で「短期間に３件も起きたのはあまりにも不自然」と話し、朝日新聞が転落の状況や過去のトラブルについての一報を打った２０１５年９月８日ごろからだった。

警察は、１・２件目については事故死扱いしたが、３件目が起こり捜査方針を一変。前述の通り今井を任意で聴取するなどして水面下で捜査を続けていた警察が、容疑者・今井隼人の名前と住所をマスコミに漏らしたことで、どよめきが起こり、多くのメディアが各現場に急行したのだ。

冒頭の答弁は、そうしたメディアスクラムのなかで今井に直撃取材した結果だ。私も御多分に漏れず、「Ｓアミーユ川崎幸町」などの関連現場を回っていた。

今井の名前と住所を漏らした背景には、今井を追い詰めるには材料が乏しいことがあった。当時を振り返れば、状況証拠しかなかったことは確かで、これを打開したい警察がマスコミを使い事件を炙りだそうとしていた感すらあった。

このとき、警察が今井を疑う理由は３つあった。

一つ目は、繰り返しになるが、入居者3人が転落死したすべての夜に宿直していたのは今井、ただひとりだったことだ。

二つ目は今井の素行である。今井は２０１５年１～４月の間に、入居者3名の居室から現金11万6千円と指輪など4点を盗んでいた。この窃盗事件で、警察は今井を同年5月21日に逮捕。今井は執行猶予付き有罪判決を受け、施設からは懲戒解雇された身だった。

三つ目は第一発見者だ。それが2件目の仲川さんの場合を除き、いずれも今井だったのだ。

一方、「Ｓアミーユ川崎幸町」では、別の問題も起きていた。２０１５年に入り、一連の転落死以後も、さまざまなドラブルを起こす問題施設であることが露見したのだ。

同年3月には、男性入居者（当時83歳）が浴槽内で死亡する事故が発生していた。

同年5月、認知症を患っていた入所者の女性（当時85歳）に対して、今井とは別の男性職員4人が「死ね」と暴言を吐いたり、頭をたたいたりするなどの虐待を日常的に働いていたことが、家族が隠し撮りした映像からわかった。

私が虐待を受けた女性の長男を直撃し、『ＦＲＩＤＡＹ』で報じたのは9月半ばのことだ。女性の長男から証拠として提供された映像には、女性をベッドに放り投げる——「死んじゃうよ」

と言い続ける女性の首を2秒ほど絞める――など計4回の虐待が映っていた。

女性の長男は、「短期間で3人が転落死する状況を防げなかった施設です。一歩間違えば、自分の母もどうなっていたかわかりません」と憤りをあらわにした。そして「刑事告訴も検討している」と続けた。

テレビ、雑誌、インターネットを通じて拡散される虐待映像や今井の素行。それらに突き動かされるようにして一連の不審死に集まる世間の注目。警察は、これらを追い風に今井を追い詰めていったのである。

事件が弾けた

時が経つにつれ、世間と同様に、私も今井のことなど忘れかけていた。2015年10月末には、「Sアミーユ川崎幸町」の運営会社と同系列の介護施設（千葉県内）でも2件の転落死があったことがわかり、2015年12月9日には件の虐待事案に対して今井とは別の元職員の男性3人を暴行と業務妨害容疑で書類送検する方針を固めたことが報じられたが、今井に関しての捜査状況は一向に漏れ伝わってこなかったからだ。

しかし2016年2月15日、事態は急変する。一連の不審死発生から1年以上が過ぎたこの日、思いがけず事件が弾けたのだ。

今井逮捕の一報が入ったのは翌日のことだった。


〈一人の殺害容疑認める　川崎・老人ホーム、相次いだ転落死〉

川崎市幸区の老人ホームで2014年に入所者が転落死した問題で、元職員の今井隼人容疑者（23）が15日、殺人容疑で神奈川県警に逮捕された。入所者1人の転落死について容疑を認めているという。老人ホームでは高齢者3人が同年に相次いで転落死しており、県警が捜査を進める。

一連の転落死が起きたのは2014年11～12月。川崎市幸区にある老人ホーム「Sアミーユ川崎幸町」で、入所者の80～90代の男女3人が相次いでベランダから転落し、死亡した。

運営会社などによると、最初にあった転落死は同年11月4日。入所者の男性（当時87）が4階から転落した。12月9日には女性（当時86）が4階から、同月31日には女性（当時96）が6階から、それぞれ転落した。

（朝日新聞　２０１６年2月16日朝刊）

発表は当初、最初に死亡した丑沢さんに対しての殺害容疑だけだった。だが、すぐにほかに死亡した入所者女性２人についても殺害の関与が報じられ、

「入所者の言動に腹が立って転落させた」

「むしゃくしゃして投げ落とした。殺すつもりだった」

と今井が殺意を認める供述をしていることもわかった。

こうして残りの２人についても自供したことで急展開、一挙に解決の方向に向かった。

状況を整理すれば、こうだ。

まず今井は、ベッドで寝ていた４０３号室の丑沢さんを無理やり起こし、戸惑う丑沢さんをベランダまで誘導すると、抱き上げて投げ落とした。そして丑沢さんの死亡後に同じ４０３号室に入居した仲川さんも、丑沢さんと同じく自室のベランダから転落死させた。

だが、最後に亡くなった6階６０９号室の浅見さんは、なぜか４０３号室の真上に位置する６０１号室のベランダから転落死させた。

そこで疑問が残る。なぜ今井は浅見さんを609号室から601号室へと移動させて投げ落としたのか——。

今井が犯行を認めた入所者3人は、施設裏庭のほぼ同じ位置で倒れていた。この裏庭の転落地点は周囲を住宅や植木で囲まれた「死角」のため、人目につかない場所を選んだ。これなら現場の状況と一致する。しかも、2件目の仲川さんを除き、いずれも今井が第一発見者だ——捜査関係者は今井の供述と状況証拠からその理屈を語った。

これで一件落着——そう警察や私が安堵したのも束の間、事件は前提が根底から揺らぐ事態となったのである。

自白を覆した初公判

2018年1月23日、横浜地方裁判所で今井の初公判が開かれることになった。

そう、この裁判が波紋を呼んだのだ。

冒頭、裁判長が今井に向かって、公訴事実に誤りがないかどうか尋ねた。スーツ姿で出廷した今井は淡々と答えた。

「いずれも何もやっていません」

今井は起訴内容をキッパリと否認したのである。

いったんは3人の殺害を認め逮捕された今井は、その後、黙秘に転じていた。さらに事件当時について「記憶していない」と無罪主張の口火を切っていた。弁護側の主張は、「精神障害の影響で健忘症の症状があり、事件当時の記憶がない」とのことだ。


状況証拠を積み上げ、容疑者を今井ひとりに絞り込んだ県警が任意で事情聴取を始めたのは、2016年1月末からのことだった。取り調べは、なかなか進まないまま、はや2週間が過ぎた。そして「母親と話をしたい」と申し出て聴取を一日休んだ今井は、その翌日に3人の殺害理由についてこう自白したという。

「介助を拒否され困っていた」

多くの介護殺人事件がそうであるように、介助のなかでトラブルがあったと語る今井の動機はすっと心に落ちた。だが、こうして犯行を認めたにもかかわらず、それ自体を反故にするというのだから、穏やかではない。

通常、２人以上を殺害したケースでは、２０１６年に発覚した、患者３人への殺人罪に問われ、果てに無期懲役となった「大口病院連続点滴中毒死事件」のような例外はあるが、判例からして死刑になることが少なくない。冷静に考えれば、死が怖くなっただけ。県警は、人形を使い転落死の再現実験もして供述の裏付けもしたというのだから、今井の言動は私でなくても腑に落ちなかったことだろう。

事実、今井の自白は録画により可視化もされていて、強要や誘導尋問のたぐいを疑う余地などないように思えた。動画は、事前に得られた車の中での自白を可視化するために、供述調書を取るなかで改めて撮られた。


今井の自白の信用性を審理するにあたり、公判で取り調べの様子の一部、およそ4時間分の動画が再生された。モニターは裁判員側に向けられていた。今井の表情などはわからないなか、傍聴席では音声だけが聞かれた。映像内の発言を文字に起こした資料や、裁判を傍聴した知人記者の話を元に主要部分を抜粋して当時を再現する。

冒頭は、取調官による、丑沢さん殺害についての今井への質問だ。

「本当のことをぜんぶ話せるか」

「殺そうと思って殺しました。これが事実です」

「どうやって殺害したか覚えてる？」

「ベランダから突き落として殺しました」

「丑沢さんが４階食堂のテレビを壊したことで爆発してしまったってことね」

「はい。ずっとため込んでいたストレスが爆発しました」

「で、殺すことを決めたってことでいいのかな」

「はい」

その後、動画は、今井が被害者を転落させた際の状況などを手振りを交えて説明する場面になった。

だが、最後に、混沌とする裁判を予見させるような場面もあった。

「裁判で自分の声で本当のことを言うと決めたので、黙秘します」

語るに落ちると言わざるを得ないというか、確かに今井が無理強いなく自白する証拠シーンが残されていた。それでも弁護側は、主に録画が行われる前の取り調べで取調官から圧迫があり、ウソの自白をしたと主張した。そして3件の転落死は事故や自殺の可能性があることを訴えたばかりか、仮に今井が事件を起こしていたとしても、発達障害などにより刑事責任能力を争う構えを示した。

自白、健忘症、黙秘、犯行時間帯に施設内にいた記憶はある——だが録画が行われる前の取り調べで取調官からの圧迫があり嘘の自白をしたと、今井の主張はいつも後付けで変わってきたことになる。それは、まだ事件と向き合えないでいる今井の困惑ぶりが、自分の胸の内だけでは止まらず、図らずも表面化しているように私には見えた。

公判は自白の信用性や責任能力を主な争点として進んだ。

被告を死刑に処す

2018年3月1日、横浜地裁において今井への判決が言い渡されることになった。

「主文は後回しにします」——。

判決主文ではなく、判決理由から始まった。これは、後に死刑判決が言い渡されることを意味していた。被告人が動揺して影響が出るのを防ぐために結論を後回しにするのだ。

「自力でベランダの柵を乗り越えることは不可能」

「事故や自殺の可能性はほぼない」

判決は、転落死した３人の事件性を検討した結果から述べられた。そして「被告が犯人と推認できる」としたのは、３件の転落死発生時に夜勤をしていたのは今井ただひとりだったことはもちろん、さらに今井は逮捕直前に母親に電話でこう話していたことが明らかにされたからだった。

「自分がやった」

そして、妹に泣きながら謝ったとされている。

つまり取調官だけでなく、圧迫のない母親や妹にも自白していたことになる。

検察側の主張は、こうだ。

「非力で高齢な入居者の介護職員への信頼を利用した、冷酷、卑劣で残虐な連続殺人だ」

「関係者の証言や被告人質問などで十分な立証責任を果たした」

「自白には取調官の圧迫もなく、内容は迫真性があり詳細で信用性が高い」

「被告が公判前の精神鑑定で診断された発達障害（自閉スペクトラム症）の影響も顕著ではなく、動機の一部に影響したに過ぎない」

一方、弁護側は大きく2つの理由から寛大な判決を求めた。

「3件の転落死は客観的証拠が乏しく事故や自殺の可能性がある。仮に事件だとしても被告を犯人とする証拠はない」

「捜査段階での自白は取調官の意に沿うようにウソを述べたものだ」

だが渡辺英敬裁判長は、こうした弁護側の反論を非難し、判決理由を次のように述べた。

「約2カ月で3回も殺害を繰り返し、入所者を守るべき立場を顧みず、施設や家族の信頼を踏みにじった。反省の態度はみじんもうかがえず、極刑もやむを得ない」

そして、最後に判決を言い渡した。

「被告を死刑に処す」

動揺しているわけではない。平静とも違う。まっすぐ裁判長を見つめ、能面表情で深く頭を下げた今井の無罪主張が退けられた瞬間だった。

「無実を証明したい」東京拘置所で対面

「今井が会いたがっているらしい」

記者仲間の海塚（仮名）からそんな知らせを受けたのは、２０２１年9月末のことだった。海塚が続ける。

「今井の支援者からコンタクトがあったんだ。なんでも手記を出版したいらしく、その相談に乗ってほしいとかで」

２０１８年3月1日、今井は一審で死刑判決が言い渡された。あれから約3年半、今井はこの判決を不服として即日控訴し、２０１９年12月20日から開かれた東京高裁での控訴審で争う最中にいた。

今井は一審と同様に無罪を主張した。そして、その控訴審も、まもなく結審する見込みだった。

２０２１年10月初旬。私は海塚とふたり、東京拘置所の面会室にいた。10階――ここには重犯罪者が収容されている。

しばらくするとアクリル板で隔てられた向こうの小部屋の扉が開いた。刑務官をともない今井は、短髪に濃紺色のスエット上下で現れ、軽く一礼した。と同時に私と海塚も立ち上がり、同じく一礼した。そしてシンクロするかのごとく、そこにいる3人がほぼ同時にパイプ椅子に座った。

こうして今井と対面するのは初めてだった。冒頭の、直撃取材当時から印象的だった黒縁メガネをかけ、肌の色はよく、またいくぶんふっくらしたように映る。それを問うと、今井は言った。

「体重は20キロも増えました。単なる運動不足ですね」

そしてアクリル板越しに名刺をみせながらの挨拶を済ませた後、本題に入った。

「手記を書きたいと伺っています」

「はい。やはり自分の言葉で無実を証明したいんです」

今井が、「それには手記を出版するのがいちばんだと思ったので」と続けた後に、私は言った。

「今井さん、恐縮ですがいきなりの出版はお約束できません。まずは、こうした面会の様子と、手記の内容の要約とで『ＦＲＩＤＡＹ』で記事にさせていただき、世間の反応を見てからにさせていただけませんか。観測気球じゃないですけれど、反響が大きければ、私としても出版社にプッシュしやすいので」

今井はすぐには答えず、でも、ぽつりと言った。

「そうですね……、はい」

東京拘置所の面会時間は10～15分ほどと短い。私は聞きたいことを忌憚なく言葉にすることにした。

「はやり死にたくないですか？」

やり取りを原稿に起こすことを踏まえて面会前から言わなければならないと決めていたことだ。不躾な質問なのに、不思議と腹を立てる様子はない。

「死については考えたことがないです。仮に（犯行を）やっていて、最悪のケース（死刑）になってもいいなら、こうして会ったりしません」

控訴審の結審は約1ヶ月半後と迫っている。それでも動揺などないように見えるのが気になった。

「来年3月9日に予定されている判決で一審同様に死刑判決が言い渡されるかもしれません。焦りはありませんか」

そう私が質問を重ねるなか、今井は冷静に、理性的に、言った。

「内心は焦っていますよ。逮捕前は、取材攻勢や警察の捜査が自分だけでなく家族にまで及び、自分が（犯行を）認めれば家族が楽になるのではとの思いから、深く考えずに『3人を殺した』と、ウソの自供をしてしまったんですから」

無表情で抑揚なく繰り返された言葉に、真実性よりも気味の悪さを感じた。

「二審で無実を証明します。事実、私はやってないですからね」

その後、「本当にやっていないのか?」と私に問いただされた今井の反応である。

私はこう思う。今井は内心、かなり焦っている。でも、それをぐっとこらえ、あえて穏やかに言っている。二審判決までカウントダウンの日々。一審判決前は自白をしたが目撃証言がなければ無罪を勝ち取れるはずだと楽観視していた。

しかし見込みとちがい、一審で下された現実は有罪判決だった。もっと自分の障害や取調官による圧迫で自白に至ったことが周知されればわかってもらえるに違いない。そこで、かつて警察がしたように、今井もマスコミを利用し、世間を巻き込みながら風向きを変えようとしている。

今井は雑談にも応じた。

——体調は？

「いたって普通です。新型コロナにもなっていません」

——日々の支えは？

「家族、支援者、弁護団……、こんな自分にも応援してくれる方々がいますから」

——息抜きは？

「新聞や雑誌でスポーツ記事を読むことです。昔から大の巨人（※読売ジャイアンツ）ファンで、特に坂本勇人選手は入団前から応援しています。試合で巨人が勝った日などは、カニやウナギの缶詰を食べて、ひとり祝杯をあげたりしています。またゴルフが好きで、マスターズ（※メジャー選手権）での松山英樹選手の2日目13番のイーグルパットや、最終日18番のセカンドショットには興奮しました」

ほかの場合とちがい、ときおり笑顔を覗かせたのが印象的だった。

「時間です」

約15分の面会時間の終わりを職員が告げた。それに反応するようにして私は「改めて無罪主張の理由は?」と今井に聞いた。今井はむくりと立ち上がった。そして言った。

「中身(無罪主張の理由)は一言では言えません。書き溜めた手記を送ります。そのほうがわかりやすいでしょう」

私はその手記を待つことになった。

便箋200枚の手記

ほどなく送られてきた手記は、便箋200枚にも及ぶ膨大なものだった。内容は大学教授による精神鑑定結果が主である。

〈著者(今井)は2017年8月下旬頃から11月中旬までにかけて、精神鑑定医による精神鑑定を受けている。その結果、著者が自閉スペクトラム症(ASD)であるとの確定診断が示された。また、断定はできないが、知的能力障害も疑われ、知的能力は低い可能性が高いとの旨も示さ

れた。〉（手記より。一部抜粋）

手記には、発達障害のひとつＡＳＤの説明として、念を押すようにこうも記されていた。

〈状況認知や想像性の弱さ、人間関係に対する関心や共感性、情緒性が限定的であること、規則性やこだわりなどの脅迫傾向、規則性によって安定を得る傾向が見られます。〉

これを読み私は精神鑑定について問うべく再び今井が待つ東京拘置所へと急行した。今井はＡＳＤや知的能力障害を理由に言った。

「だから自分は、マスコミから母親を守ってやると取調官に言われ、やってもいない犯行を自供してしまったのです」

確かに今井には、私からしてもＡＳＤや知的能力障害がある蓋然性は高かった。それが顕著なのが、内容が読み取れないほどの、手記の〝黒塗り〟である。今井は拘置所での検閲を理由としたが、通常は個人情報に関わる部分に止めるところ、それが首をかしげるほどだったのだ。

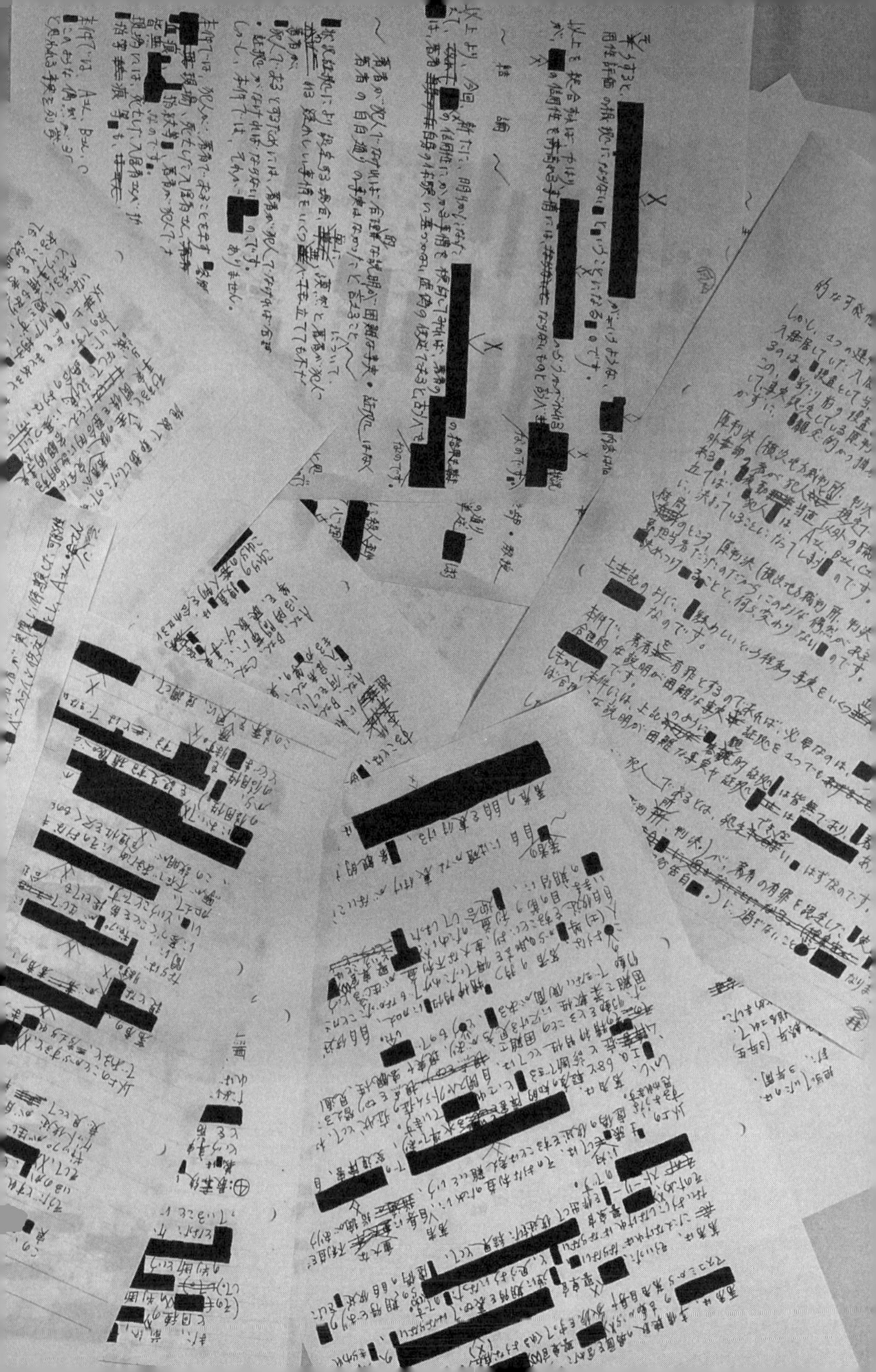

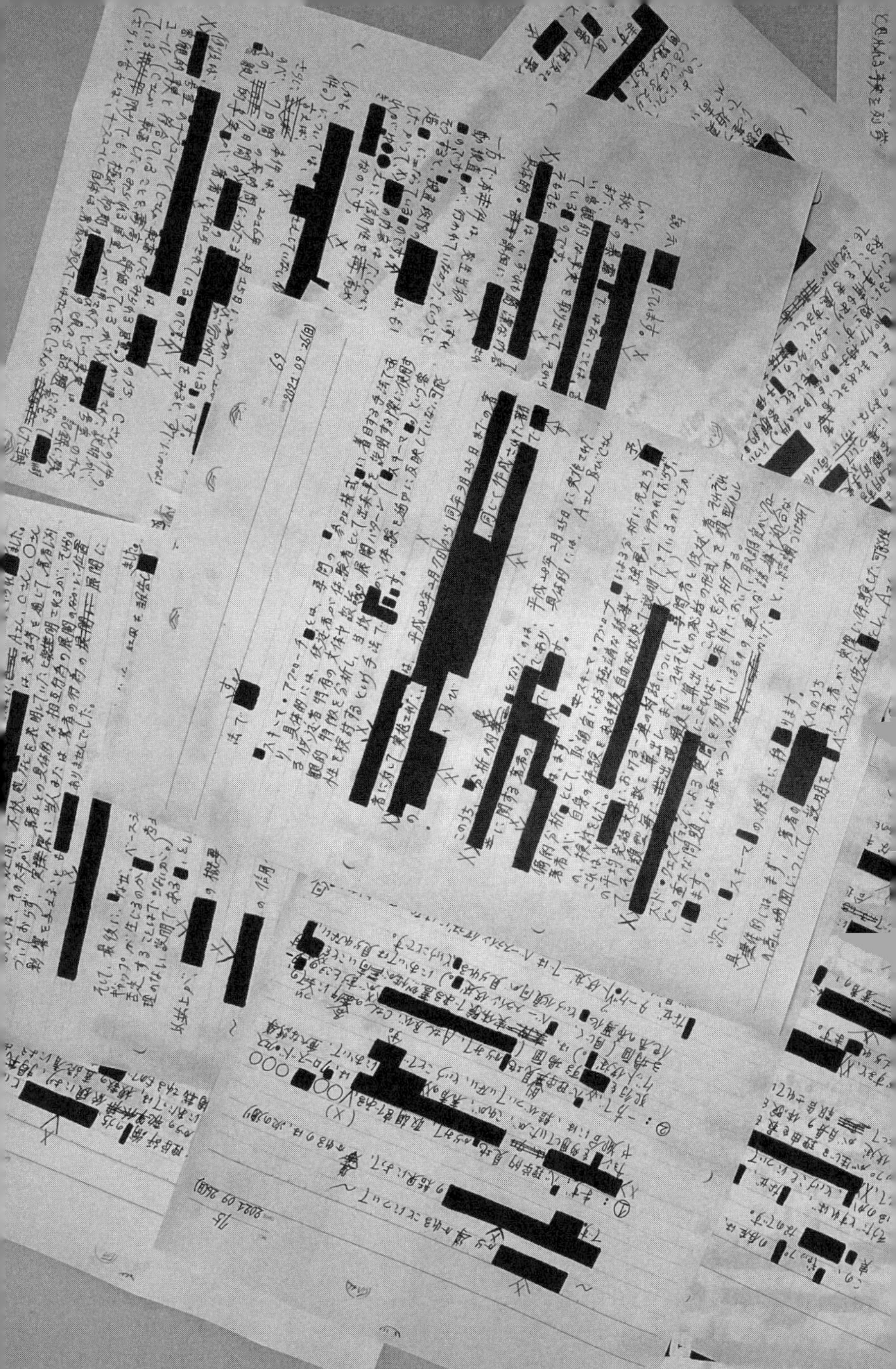

私の元に届いた今井の手記。内容が解読できないほど黒塗りされている

他に手記に記されていたのは、亡くなった3人の高齢者が認知症を患っていたことや、事故死や真犯人がいる可能性が拭いきれない状況を、今井なりに考察したものだった。冤罪を主張するならば、アリバイや真犯人につながる新事実、転落死の真相を知りたかったが、それはなかった。主には障害等を理由とした弁明に終始していたのだ。これでは世間からの共感は得られないし、出版は難しいだろう。そんなことも思わせる内容だった。

別れ際、二審判決を待ついまの心境を、あらためて聞いた。

「緊張感はありません。(判決は)なるべく考えないようにしています」

今井は小さな声で、だが、よどみなく言った。言葉の端々に逡巡が見て取れた。察するに、今井は判決から逃げているのだろう。

「本人による自供には、事件の当事者でしか知り得ない情報が含まれている。今井が主張する精神鑑定の結果だけで一審を覆すのは難しい」

私はもちろん、裁判の推移を追っていた知人の司法記者たちの見立てもこうだった。新たな証拠が提出されなかった以上、裁判官は一審の判決が妥当かどうかを検討することしかできない、というわけだ。だが減刑されたり、無罪判決が下される可能性もゼロではない。

2022年3月9日、判決の日。裁判長は「自発的に供述している」として今井の自白の信用性を認め、一審の判決を支持した。

この判決の翌日、弁護側は最高裁判所に上告した。この上告はいわば、それでも判決を不服とする今井の回答のようなものだった。

最高裁で争うだけです

2022年3月下旬、ふたたび東京拘置所の面会室――。

「昨日、拘置所で（新型）コロナが蔓延しているという報道がありました。大丈夫ですか?」

「はい、自分はいまのところ変わりないです」

「先日の判決については?」

「自分はやってません。最高裁で争うだけです」

欺瞞か、それとも本心からなのか。今井はまっすぐ私の方向を向いたまま言った。

そこには、二審で死刑判決が下された後であっても、以前と変わらぬ姿があった。

大半の事件は、事件の発生と犯人の逮捕をもって報道は減る。それに伴い、事件の記憶は世間から薄れていく。かつて世間をにぎわした今井の事件についての報道も、この頃にはパタリと止んでいた。件の二審判決と今井の上告ですら一部の新聞が報じたくらいだった。

私が期待したのは、今井の口から真実が語られることだった。まだ誰も知らない真相に迫れるかもしれない。そんな気持ちでいたのだ。

なぜ、この事件に引き寄せられるのか。真犯人や新事実が示されず、動機や犯行の手口についての自白もあるのに、どうして真相にこだわるのか。

それは世間の注目度に関わらず他のどんな事件よりも特別だったからだ。

経緯は事件について朝日新聞が一報を打った２０１５年９月８日までさかのぼる。先に書いたように、私は当時、『ＦＲＩＤＡＹ』の記者として現場取材にあたっていた。

しばらくすると私は、事件の〝その後〟を追ったＹｏｕＴｕｂｅチャンネル『日影のこえ』に参加することになった。誘ってくれたのは、前出の記者仲間・海塚だった。

その海塚との出会いが、今井の事件の現場だったのである。だから私は今井とこの事件に引き寄せられたのだ。

ただそれはきっかけの一つにしか過ぎなかった。なぜなら、こうして関われば関わるほど、今井隼人という人物に、そして事件そのものにも興味を覚えたからだ。

あらためて考える。今井が関与を否定する、一連の高齢者3人の連続転落死は、果たして自殺や事故の可能性があるのだろうか。

調べると、介護施設で転落死した記事が、今井がマトにかけられている3件と、後に発覚した2015年の2件の他に、1件だけ見つかった。その記事は、2016年4月11日、愛知県知立市の特別養護老人ホーム『ヴィラトピア知立』の2階の窓から86歳女性が転落死したことについて、自殺や事故の可能性があると伝えていた。

介護現場での転落死を記した資料を漁りつつ頼ったのは、『誰も書かなかった介護現場の実態～現役介護士が直面する現代社会の闇』（彩図社）の著書がある友人の現役介護職員・宇多川ちひろだ。自殺や事故の可能性について単刀直入に聞いたところ、「転落事故や自殺については見たことも、聞いたこともありません。今井さんの事件を知り、同僚たちにも聞きましたが、みな同じ答えでした」としながらも、「認知症初期の高齢者、特に男性は攻撃的になる方が多いという実感です。例えば、自分が担当していた元大工の70代男性のケースです。家族が家で介護することが難しいという理由で、比較的介護度が低い方たちが集団生活をするグループホームでのことでした。高齢者あるあるとして、みな帰宅願望があります。その帰宅願望により、夕方になると、『家に帰る』と口にしながら暴れ出す、という。2階フロアでした。窓は開かないように施錠されているなか、その施錠を解除したものの、窓から下を覗き込み『この高さでは危ないからだめだ』と諦めてくれた、という程度のことなら経験しました」と教えてくれた。

一般に、施設の窓は完全に施錠されているか、施錠を解除するとセンサーが発動して警笛が鳴る仕組み。そのセンサーが壊れたまま放置されていたケースもあったようで、入居者が自らの意思で窓から外へ出ることはあるが、主に寝たきりであったり、歩行器を必要とする者が入居する「Sアミーユ川崎幸町」のような〝特養〟では、体力的な観点から考えにくいらしい。

とはいえ、宇多川ちひろの『誰も書かなかった介護現場の実態』は、凶暴な施設利用者の実態、利用者が薬を過剰に投与されたり、医療機器の操作の実験台にさせられている現状に言及していた。深刻化する介護職員の労働条件・労働環境の悪さを訴えながらも利用者の心情をおもんぱかる気持ち。その葛藤の重さがズシリと伝わってきた。

介護現場の実態を知り、私は思った。

やっている。わずか2ヶ月弱の出来事だったことからしても、高齢者3人に対して人の手が加えられたはずである。しかし、その容疑がかけられている今井は否定している。

「今井さん、あなたが『Sアミーユ』で介護に携わるようになった経緯から逮捕までのことを、あらためて書いてもらえませんか?」

そこで私は、宇多川ちひろの同書を差し入れ、事件や裁判の経過とは別に、この本同様にこれまでの道のりをあますことなく書くことを依頼した。口説き文句は「原稿料も払うので、中（拘置所）での生活費の足しにしてください」だった。

どんな思いで介護職員になったのか。仕事ぶりはどうか。窃盗事件はどうか。3件の転落死当日は何をしていたのか——それを、自分の言葉で、余すことなく記す——これこそが、今井の無罪主張に信憑性がどれだけあるのかを見極める材料になると思ったからだ。

いつものように粛々と、わずか十数分の面会が終わりかけたときだった。今井は言った。

「わかりました。書いてみます」

執筆自体は了承してくれて、何よりだった。だが、原稿料を払うことで、図らずも支援者のひとりになってしまったいま、今井の無罪主張を頭ごなしに全否定するわけにはいかない。

取材者としての興味から乗りかかった船だとしても、今井は、私を自分の支援者のひとりとして信じようとしている。そんな今井に目的は「真実の告白」だと口に出してしまえば、やはりアナタは支援者ではないと一蹴されてしまうはずだ。

今井はやっている、という私の見立ては揺るがないにしても、死刑か否かで揺れる男の胸の内が簡単に覆るはずがない。もしかすると、今井が「書く」と口にしたのは、「アナタを信用していいんですね」と暗に釘を刺しているのではないか。何もかもお見通しで、さぐりを入れられているような感覚もあった。

果たして真実が語られる日は来るのだろうか。私は緊張がみなぎるなか続けた。

「『ｎｏｔｅ』というウェブ上のプラットホームで発表しようと思います。死刑囚になるかもしれない今井さんが介護現場の惨状を書けば、他の誰より説得力があるとも思うんです」

介護現場の実情を世間に問い、現状を見直す一助になればとの思いからだった。これ自体は嘘ではないものの、裏ではこれまでの経緯をあらためて書くことで今井が事件と正面から向き合うことを願っていた。

むろん、司法の判断が、常に正しいとは限らない。ときに司法は、検察の思惑に引っ張られ、冤罪の可能性がある人間を、社会から葬り去ってしまうこともある。その真実が、今井の無罪主張とイコールになる。そんな結末も微かに残るのだろうか。

こうして、いつか真実を、と望む、今井との往復書簡は始まった。

『note』で綴られた〝介護の闇〟

ここに、便箋8枚の手記がある。

今井はどうして介護職に就いたのか。その仕事ぶりはどうか。何か事件につながるような出来事はなかったのか。転落死当日は何をしていたのか。それが知りたくて、前述した通り、私が今井に依頼して書かせたものだ。

まずは時系列に沿って、施設入社から見習い期間を経てひとり立ちするまでを振り返っていた。長くなるため一部を省略するが、今井の心像として、なるべく原文のまま掲載する。

(1) 介護施設への入社のきっかけ

私自身、実は当初から介護施設に入社を決めていたわけではありません。というのも、医学系の専門学校に通っていて、医学系の勉強をしていたからです。

素直に人の役に立ちたい、また人助けをしたいという思いがあって医学系の勉強をしていたのです。ただ、公務員試験には不合格となってしまったので、以前から興味があった介護職を選んだのです。また、介護職も人の命に関わる仕事という認識でしたから、専門学校で勉強していた知識も少しは役立つのではないかとの思いもあったのです。

(2) 介護施設（介護付有料老人ホーム）に入社してからのこと

まず、入社した当日は、施設内の部屋で当日の施設長や施設管理者と向きあって机上での勉強から始まりました。内容は、主に施設内部の状況の説明や、どんな入居者さまがいらっしゃるのか、各入居者さまの個性や留意点等について説明を受けました。

私と同期で入社した人は、私の他に２名（※いずれも男性）いて、３人で一緒に説明を聞いていました。その後は、施設管理者の方や先輩方と一緒に、実際に施設内部をまわり、実際の状況を見させてもらいました。

私の第一印象としては、かなりバタバタとしていて、あまり余裕をもってひとりひとりに職員の方が対応しきれていないなということです。最初に見たのは、１階食堂での様子で、ちょうど昼食の時間帯でした。入居者の方がちゃんと飲み込んでいないのに、続々と食事を口にはこんでいる職員の方を見たときは、ちょっと〝衝撃〟でした。というのも、誤嚥（※飲食物や唾液を飲み込んだときに気管に入ってしまうこと）するリスクが高く、危険だからです。

そして、慌ただしく職員の方が動きまわっていたり、どちらかというと、ひとつひとつ丁寧にというよりは、もう慣れたように一連の流れでやっているという印象が残ったのです。

入社初日は、オリエンテーション的な意味合いが強く、そんな感じで終わったと思います。私の初日全体の印象としては、前述したことと、「自由」を大事にしている施設だなということです。

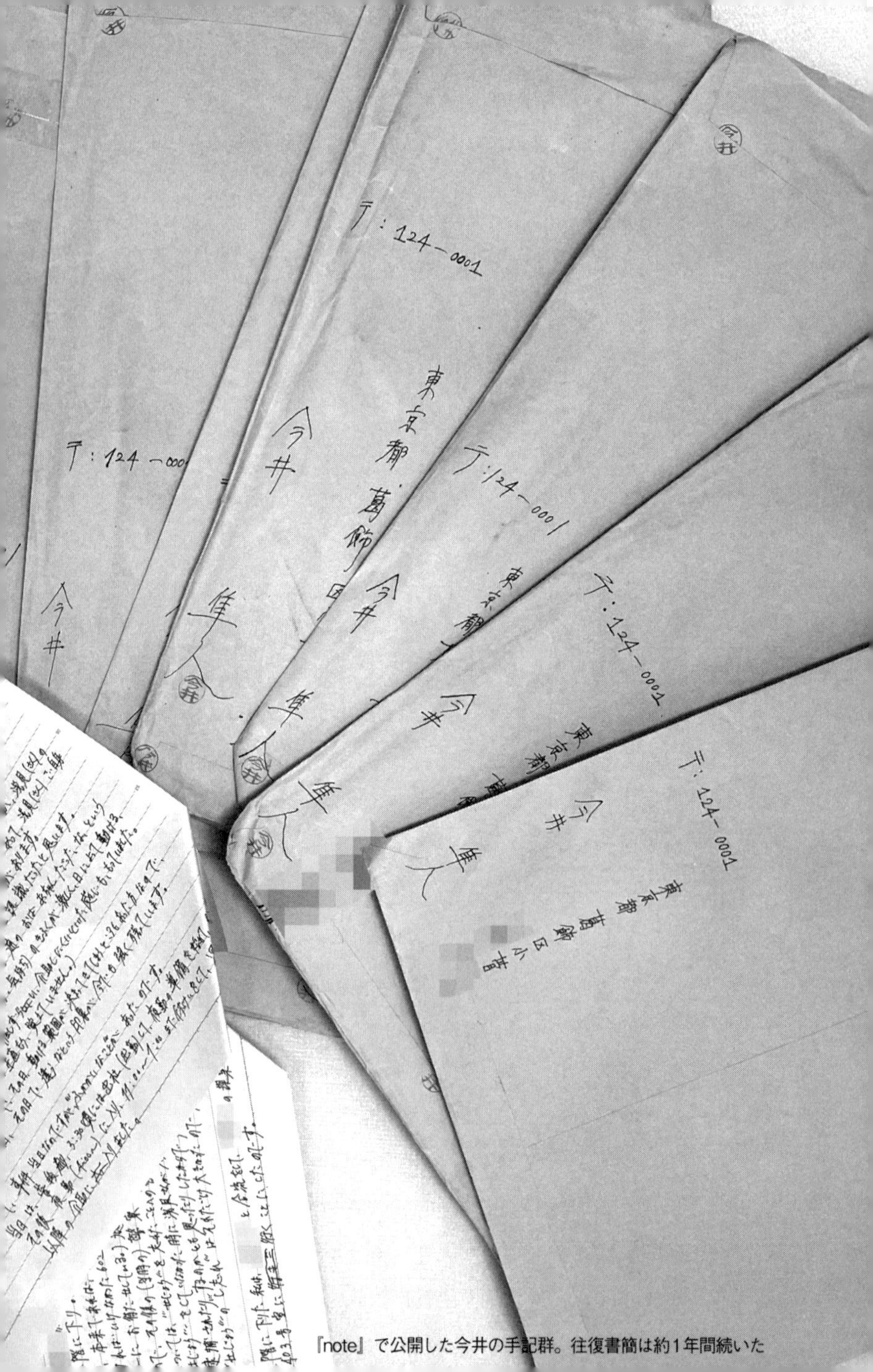

『note』で公開した今井の手記群。往復書簡は約1年間続いた

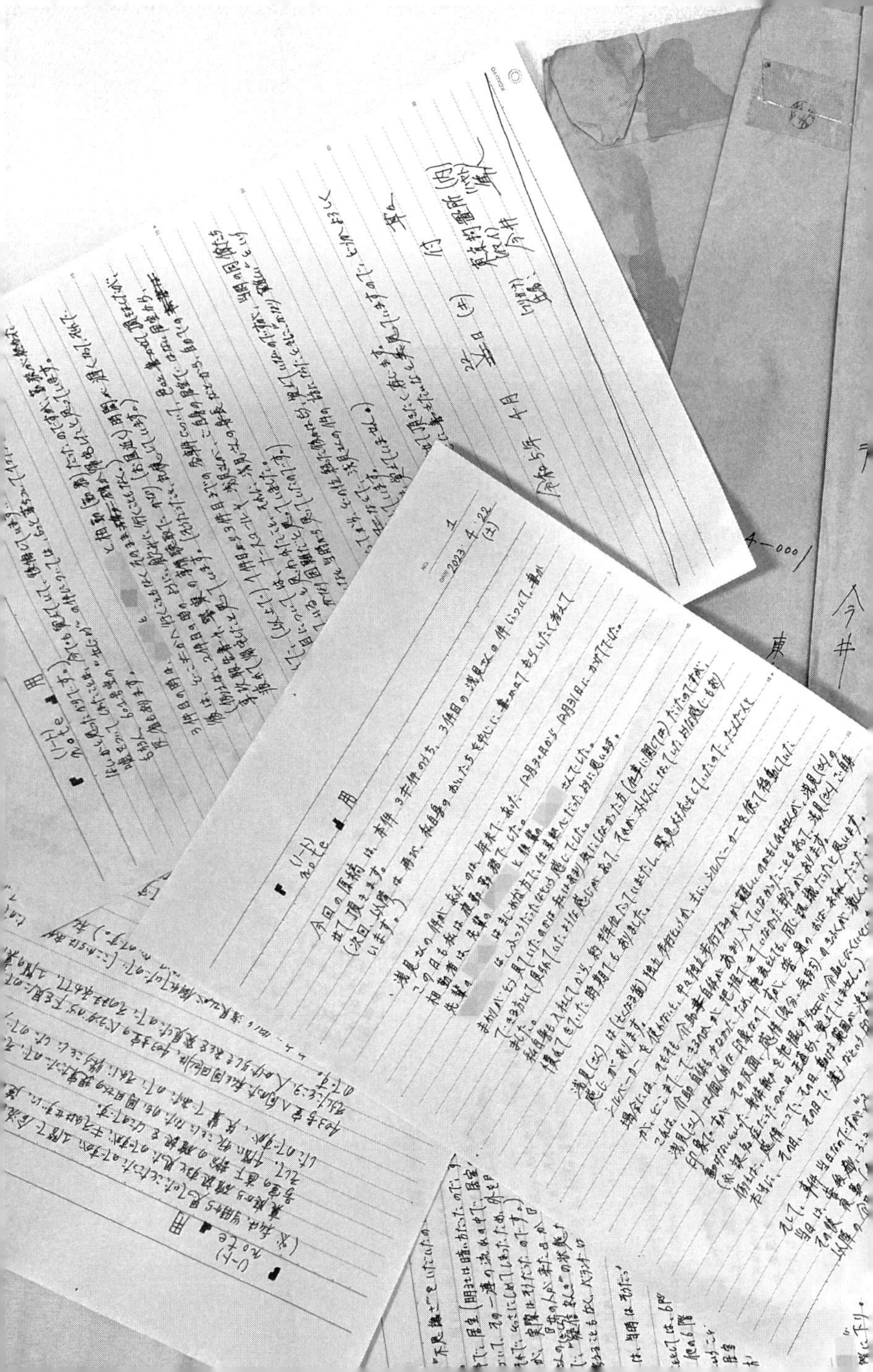

2023 4. 22 (土)
今回の原稿は、本件 3事件のうち、3件目の浅見さんの件に
令和5年 4月

ノーマライゼーション（※障害のある人が障害のない人と同等に生活し「ともにいきいきと活動できる社会を目指す」という理念）といって、つまり、入居されている方たち個々が、自身のライフスタイルにあわせて生活してもらうということ。例えば介護はせずに、その方の身体能力を、現状よりも低下させないように、維持しつつ、できれば向上も目指すということです。

これらの考え方は、基本的なこととしてオリエンテーションでも説明を受けました。イメージとしては、必要な介助（介護）はしつつも、自立支援も行うということです。

なので、身体拘束にあたりかねないこと、例えば各居室のベランダ入り口に通ずる扉の鍵を、職員が勝手に、無断でかけてはいけないこと等も、施設のみならず、会社としての基本的理念であるということも言われました。

⑶　続・介護施設（介護付有料老人ホーム）に入社してからのこと

確か、入社して2日目以降から約1ヶ月間は、基本的に先輩職員付いて2人1組で、実際に介護現場に出ました。ミット期間と言って、要するに、見習いみたいな立場です。

実は、私自身、私の祖父母の介護というか、介助を自宅でした経験がありました。介護現場でいうところの「移動介助（※食事・着替え・入浴など、日常生活のさまざまな場面で欠かせない『移動』動作を助けること）」や排泄介助等にあたると思います。ときには私自身の手で祖父の排泄物を受けとめるということもあったりしました。

というような、素人的な実体験はあったのですが、私の介護施設では、本当に入居者の方によって身体能力のバラツキ（要介護度等）が大きかったのです。

当時は、満床80名のところ、約75名入居されていたと思います。要介護度5の方もいらっしゃいますが、同じ要介護度5でも千差万別ですし、逆に要支援1や2の方もいらっしゃいました。なので、そうした意味合いで、先輩の介護（介助）を見て素直に「大変だな」と思いました。

そして、入社初日に感じていた通り、人手は足りていませんでした。ただ単にひとりの入居者の方に対して介助していればよいということではなくて、例えば介助している間にもひっきりなしにナースコールが鳴ったりします。そんなナースコールにも対応しつつ、入居者の方の介助もしなければなりません。ナースコール越しの会話で理解してくれて待ってくれる方もいれば、そうではない方、つまり意思疎通が難しい方などもいらっしゃるのです。そうした状況を見ていて、

「想像以上に過酷である」と思ったのも、実際のところです。

そうしている間に時は経って、次は実際に私自身が、先輩職員に確認してもらったりしながら入居者の方に介助をすることになりました。

介助と一口に言っても、中身は多岐にわたります。「移動介助」「排泄介助」「食事介助」「洗面介助（口腔ケア）」「薬介助」「入浴介助」等があります。

私自身、いちばん最初に実体験した介助は、「移動介助」になります。簡単に言えば、居室のベッドに横になっている入居者の方を、まず起こし、座位の状態になってもらい、そこから私自身の両腕で体を密着させて抱えながら、車椅子に移ってもらうことです。当時、介助の方法を間違えたら、おそらく腰痛等になってしまうだろうと思ったのを覚えています。なので、ゆっくりと移すということをしました。先輩の動きを見ているのと、実際にやるのとでは、全く違っていました。なので、戸惑いながらも、なんとかやったという感じでした。

その後は、徐々に介助を行う幅を広げながら、「排泄介助」「食事介助」「洗面介助（口腔ケア）」「薬介助」「入浴介助」等と、全ての介助を先輩に教えてもらいながら、確認してもらいながら行いました。先にも書いた「移動介助」もそうなのですが、どの介助にしても人の身体に関わることなのです。人に接している以上、一歩間違えたらその人の命に関わることなのです。なので、非常に責任が重いですし、そうした意味で大変な仕事だと思っていました。

特に「食事介助」は、〝誤嚥〟のリスクと常に隣り合わせなので、プレッシャーがありました。どんなに自立した方であっても、〝誤嚥〟というリスクが消えることはありません。

他の先輩が私の隣で「食事介助」をしているときに、その先輩が入居者の方が完全に飲み切っていないのに、飲料を口に勢いよく運んでいて、その入居者の方が吐き出してしまったことがありました。幸い、〝誤嚥〟にはならなかったようなのですが、あまりにも安易すぎてビックリしましたし、私自身、当時は〝介護の素人〟でしたが、介護に携わるのであれば多少なりとも医学の知識が必要不可欠ではないのかと、その時に感じたのを覚えています。

それと、前述したとおり、入社して約1ヶ月は見習い期間なので、覚えることが多いですし、仕事の内容についていくことで精一杯ですし、施設の先輩も介助業務のスピードが遅くても、何も言ってきませんでした。

私自身が当時勤めていた介護付有料老人ホームは、「ライン表」と呼ばれていた、いわゆる業務スケジュール表がありました。それは、その日、その日で介助内容と、その担当が組まれて印字されているものです。例えば、入居者の鈴木さん（仮名）という人に、特定の介助職員が配置されているというようなシステムとは異なり、その日、その日で変わります。

「ライン表」には、入居者の居室番号と、その方の苗字、そして介助の内容とその時間が印字されていて、時間帯は基本、15分刻みです。そして、時間帯にもよるのですが、基本、「ライン表」には介助がギッチリと印字されています。基本、印字されている時間帯に、全ての介助を終えるよう先輩から言われました。

入社してから1ヶ月前後くらいになると、先輩から「今度はスピード」「もっと早く」等と言われるようになりました。そして、どうしてもクオリティー（質）よりもスピードを優先せざるを得なくなってしまいました。

当時の施設内部の雰囲気というか、空気感としては、どうしてもクオリティー（質）よりもスピードを優先させる感じでした。実際に先輩の職員が、スピードが遅いあまり、他の職員から注意や指導を受けている場面も見たことがありました。なので、私自身も、正直、スピードを優先してやっていました。
そんな感じでミット期間と言われる見習い期間を終えて、その後はひとり立ちすることになりました。
今回の原稿は、ちょうど区切りがいいので、ここまでにします。次回は、この続きから書こうと思います。宜しくお願い致します。以上
令和4年（2022年）5月29日　東京拘置所（内）今井隼人〉

『note』で始めた連載「今井隼人被告が語る〃介護の闇〃」の第一回目は、こうしたものだった。

今井が介護付有料老人ホーム「Sアミーユ川崎幸町」に入職したのは、2014年5月のこと。「人の役に立ちたい」「人助けをしたい」との思いから、医学系の専門学校に通っていたが、公務員試験で落ちてしまったために以前から興味があった介護職を選んだという。

そして入職後は「一歩間違えたら命に関わる仕事」だと責任の重さを噛み締めながら、目撃したあわや〃誤嚥〃の現場を例に出して、今井は「クオリティ（質）」より「スピード（早さ）」を重視する現場に戸惑いをみせていた。そして入居者のことをおもんぱかる気持ち。その葛藤は前

出の宇田川ちひろと重なる。

これらがすべて事実であれば、確かに善人そのものである。よもやそんな男が高齢者3人を転落死させることはあるまい、ということになるだろう。

だが、3つの事件は、いずれも今井が夜勤をするなかで連鎖した。しかも、くどいようだが、すべての転落死時に夜勤をしていたのは今井ただひとりだった――。

イジメの果てに常態化した盗み癖

ここで、冤罪を訴える「今井隼人」という男が、どこで生まれ、どういう境遇で育ったのか、介護職に就くまでどんな道のりをたどってきたのか、裁判資料や後に綴られた手記を元に記しておきたい。

今井は1992年5月27日、神奈川県川崎市で生まれた。電気店を営む父、母、そして妹――今井は一家の長男で、小学生時代はスイミングやソフトボールに打ち込んでいた。得意科目は算数。友達もいて、イタズラ好きの一面があるなど、どこにでもいる普通の少年だった。

しかし、中学に入ると、短髪で小太りの容姿がお笑い芸人・ブラックマヨネーズの小杉に似ていることから、いじめを受けた。暴力はないまでも、「ヒーハー」「口臭えよ」などと、クラスメイトから馬鹿にされた。

吹奏楽部に入った今井の、中学時代のいちばんの思い出は、指揮者をしていた合唱コンクールで最優秀賞を受賞したことだ。校内でも褒められ、気分をよくした今井。だが、いじめが止むことはなく、深く思い悩んだという。

今井は母親の財布から盗んだカネでクラスメイトや後輩に奢るなどして、カネで人間関係を取り繕った。そこで知ったのが、カネがあれば人の気を引けることだ。

これまでいじめていた連中は、今井の恩恵を受けていきなり態度を変えた。やがていじめは止まり、それに味をしめた今井は盗みを常態化させていく。

が、その今井からすれば良好だった人間関係も中学卒業とともに終わってしまう。進学校を目指した高校受験に失敗し、そしてスポーツ系の私立横浜商科大学高等学校におさまった今井。中学時代は吹奏楽部で慣らしていたことからして、プロ野球やオリンピックを目指す同級生たちのなかにあって、運動が苦手な今井はすべからく馴染めず、入学当初から不登校ぎみになってしまった。

1年後、教室の雰囲気が変わった2年生のクラス替えが、学校に行くことを楽しくさせた。すぐに運動部ではない友達もできた。

3年生になった頃、友達と一緒に自治体が主催する救命講習を受けるようになる。

救急救命士を目指し、その資格を取れる専門学校に進学したのは、その昔、今井の祖父が救急搬送された際、黄色のワッペンに記された「救急救命士」という文字が目に入り、憧れを抱いたからだ。今井は、猛勉強のすえ、指定校推薦を勝ち取った。そして、晴れて綾瀬市の湘央生命科学技術専門学校・救急救命学科に入学したのである。

そこで、また悪い癖がでた。中学のときに味をしめた盗みだ。

まず、1年生のオリエンテーションで、指揮者として全国大会で入賞経験があると嘘をつく。その経歴から中学や高校の吹奏楽部で指導をすることでお金をもらっているとも言い、今井は、また盗んだカネで偽りの人間関係を構築するのである。

そのこともあり、いじめられることもなく、我が世の春を謳歌した。

そして、救急救命士には合格したが、その資格を生かせる消防の仕事にはひとつも受かることなく、求人情報誌でたまたま見つけた「Ｓアミーユ川崎幸町」へ入社することになった。

こうした足跡から浮かび上がる今井の人物像は、利己的で、それは心に積もった痛みからきているというものである。それが痛ましい事件の土壌になってはいないだろうか――。

「犯人は別にいる」今井は暗に主張した

手記を読みながら私は、事実関係が損なわれない程度に手を入れながら文字データにして、それを『ｎｏｔｅ』にアップする。原稿料の振り込みを済ませ、記事のアクセス数や読者の反響などをしたためた手紙を、原本のカラーコピーと一緒に今井へ送る。それを月一ほどのペースで、順次。１年前までなかった「日常」である。

さて、〈次回は、この続きから書こうと思います。〉との文末に続き、２回目は入社１ヶ月して独り立ちしてからのこと、そして３回目は次のような書き出しから始まった。

〈これまで、施設入所後から約１ヶ月単位で書いてきましたが、以降については大まかにしつつ

も、ポイントポイントで細かく書いていこうと思います。〉

今井がいう「ポイントポイントで細かく」とは、入社から約２ヶ月が経ってからの心情や、現場で見聞きしたことだ。

〈介助者も人間なのでミスはする。そして、同じ入居者の方であっても、その日その日で心身の状態が違う。だから同じ介助項目であっても、同じやり方でうまくいくとは限らないんです。介護というのは、正解がないからこそ失敗や成功しては考えて、考えて。頭も使って当然、体も使う。だから介護というのは大変なんです。大変だからこそ、入居者の方から「ありがとう」「アンタがいるから助かってるよ」等と言われると嬉しいんです。（中略）

かくいう私自身も、なにを成功としてみなすかは相手がいることなので難しいのですが、介助に関して成功したことよりも失敗の方が多かったように思います。

例えば、施設の１階のとある居室に当時、私自身が入社するよりも前から入居されていた「レビー小体型」の認知症をわずらっていた男性入居者さまがいらっしゃいました。レビー小体型は、

認知症のなかでもわりと珍しい疾患です。〉

レビー小体型認知症の症状には、動作が遅くなり転びやすくなるパーキンソン症状の他に、幻覚や幻聴がある。今井の手記を続ける。

〈このレビー小体型認知症の男性入居者さまは、私が入社した当時から対応が難しいとして施設内で知られた方でした。いちばんの特徴としては、いつも同じルートを通り、自力で車椅子に乗り両手で漕いでウロウロする。つまり言い方は悪いですが〝徘徊〟することでした。

あとは、日によっては昼夜逆転することがあり、例えば夜（20時以降）に居室内で自ら動いて転倒していたり、施設内を車椅子で動き回ったりしていたり。逆にお昼（日中）は、車椅子に乗りながら食堂で寝ていたり、居室内のベッドで寝ていたりする。こういうときは、特に対応（介助）が難しいことが想定されるので、職員間では「鈴木さん（仮名）、今日は気をつけないとね」とか、「今日、鈴木さんの対応が大変だ。イヤだなぁー」等の会話がよくあったものです。

なかには「鈴木さんの介助やりたくない。代わって」とまで言う介助職員もいました。こういうときには、ライン表で決められている介助の時間には拘らず、私は柔軟に対応するよう心がけていました。例えばその男性入居者の方の様子を見つつ、落ち着いたタイミングでお声かけ等をしたり。急に近づいて声かけするとビックリされるだけなので、あえて私自身のジェスチャーを大きくして非言語的なコミュニケーションでその方の様子を見ます。そして、その方の表情や様子等を見つつ、大丈夫そうであれば更にお声かけ等をして必要な介助をします。

その方はあまり言語的なコミュニケーションをはかるのが難しかったのですが、大丈夫なときはだいたい右手か左手を挙げて目も合わせてくれるんです。その後に介助をすれば、その男性入居者の方から手が出たり（つねられたり）することはほとんどなかったのです。

私自身の場合、入社してから徐々にその対応を覚え、だいたい3ヶ月ほど経つと周りのフォローもできるようになりました。ただその反面、とにかく早く介助を終わらせたら優秀みたいな雰囲気があったのも事実で、私自身も気をつけてはいたんですが、この雰囲気にのまれてしまっていたところもあったと思います。

特にこの雰囲気が突出するのが、どのシフトに入ってもそうでしたが、各食事前の移動介助や排泄介助でした。

夜勤であれば、まず午後5時から5時45分にかけて最初の移動介助や排泄介助があるのですが、だいたいライン表上には約10分名程度の入居者さまの介助が入っていたんです。みんな慌ただしく動き回っているんです。そして、これまでにも書いたように、介護というのは成功より失敗の方が多い。つまり介助者の思い通りにならないことの方が多い。私自身の経験に基づくものなのですが、正直なところ無理をしないと終わらなかったりするのです。本来であれば、私としてはなるべく入居者の方にあわせて介助をやりたかったんです。

ただ、現実としてはそれでは終わらない。なので最低限、入居者の方に怪我をさせないようにだけは気をつけて排泄介助（オムツ交換等）のスピードをいつもより早めたりとかして対応していました。排泄介助を早め早めにやると、パットやオムツ等が本来のポジションからズレてしまったりします。しかし周りの先輩介護職員たちも早く動いていますから、急かされるわけです。

私自身の場合は、たいていご自身で歩行可能で食事のお声がけだけで済む方から各居室に来訪して食事のお声かけをして、排泄介助等がなく移動介助のみの方を食堂へお連れして。そして最後に排泄介助等が入っていたりする方とご本人のご意向等により個別対応が必要な方たちの各居室へ来訪し食堂へお連れするという流れでやっていたことが多かったです。そこでスタートで遅れたりすると、食堂に最後の入居者の方をお連れしたときに先輩職員から「もう少し早く」とか「(時間が)おしてるから巻きぎみで」とか、言葉でなくとも冷たい視線を感じるわけです。

私自身の刑事裁判(一審)で証人として出された女性介護職員(※当時)の方は、その方のペースみたいなものがあったようで、スピードは遅かったんです。そしたら、私ではなくある先輩介護職員がその女性に対して「あんたいつも遅いよ! いちばん遅い!」などと怒っているのをちょこちょこと見かけていました。そうすると現場が萎縮するし、当然、雰囲気も悪くなる。

こういった、入社当時にはわからなかったこと、そして余裕もなくて見えていなかったことが経験を積むにつれて見えてきたりするのが、だいたい入社して3~5ヶ月くらい経って、という感じだったように思います。(後略)

令和4年(2022年) 7月31日 東京拘置所(内)今井隼人〉

〈この男性入居者さまは、私が入社した当時から対応が難しいとして施設内で知られた方でした――私自身の刑事裁判で証人として出された女性介護職員の方は〉――

そう今井が記した女性介護職員は、一審で検察側の証人として出廷した元同僚のことで、つまりは今井が敵視していることを指す。介護現場での不条理を訴えながら、入居者に、そして先輩職員に対しても施設内では不満が充満していて、犯人は別にいるという今井の主張が暗に示されたわけだ。

これに対し、私は東京拘置所の面会室でふたたび今井とアクリル板越しに向き合っていた。

「今井さん、これまでの手記であなたが介護にどれだけ真摯に向き合ってきたかは十分に伝わってきました。それは、『ｎｏｔｅ』を読んだ数百人の方々も同じだと思います」

「ありがとうございます」

今井は、接見した当初に見られた憑かれたように自分の主張を語るという雰囲気もなくなり、表情は穏やかだった。そして私は言った。

「で、です。次回の原稿は、いよいよ3件の転落死当日のことを書くべきだと思うんです。そして、窃盗事件についても改めて書くべきだし、犯人が別にいると考えているならそれについても書くべきだと思うんです」

「そうですね。いま上告審の準備を進めている最中で、お約束はできませんが、そのつもりです」

改めて強い言葉で事件への関与を否定

原稿は、まず私が書いてほしい項目を書面で送り、それに対して文字量は指定せず書いてもらった。ときには対面して原稿内容について念を押す。こうすることで今井の記憶を呼び起こし、改めて3件の転落死と向き合ってもらった。

1回目の手記から3ヶ月後。ついに転落死当日のことが書かれた手記が届いた。

〈私としては、自分のできることをやっていた日々だったのですが、そういった状況のなかで本件（いわゆる事件とされていること、つまり今回の刑事事件「川崎老人ホーム高齢者連続転落事件」）がとつぜん起こりました。〉

そんな書き出しに続いたのは、３件の転落死時に今井が何をしていたかに加え、改めて強い言葉で関与を否定するものだった。

〈・１件目（４０３号室、入居者・丑沢さん）

私が夜勤シフトで勤務に入っているとき丑沢さんは、施設内にいました。丑沢さんは、この日に限らず介護職員などに対する暴言や暴力行為があって、私に限らずとも当時働いていた介護職員であれば、恐らくみな大変な思いを抱いていたと思います。事実、職場や飲み会等の場で丑沢さんの話が出たこともありました。

本件が発生した前日にも、実際、丑沢さんが施設１階フロア（食堂の前あたり）で他の介護職員に対して「帰るんだ」「警察を呼べ」「俺は風呂には入らん」等と興奮していて、私は午後４時から夜勤に入っていましたので、丑沢さんと会って対応しています。だいたい午後４時過ぎ頃のことです。

帰宅願望が強い丑沢さんからして、やはりこのときも興奮状態にあり、入浴介助は私が担当だったんですが、実施できる状態ではなく中止しました。その後、私は主に４～６階を中心に夜勤をしていました。

そして私のシフトは、この日は午後11時から午前1時まで休憩だったので、その間、施設4階の食堂でテレビを見ながらうたた寝していました。バラエティ番組などを見ていた記憶があります。

そして休憩が終わる午前1時よりも少し前、つまり午前0時50分頃に休憩を引き上げて施設1階の事務室へ移動して飲み物を飲み、106号室の入居者の介助から始めたのです。

引き上げた理由としては、要するに、午前1時からスタートする自分のライン表（業務）に遅れがないようにと思っているため、この日に限らずしていたことです。

106号室から始め、それから、確か4階、5階、6階の介助業務をしました。このなかに403号室の丑沢さんの「目配り（※同時に諸方を注意して見ること）」という介助が入っていたんですが、この日の丑沢さんの状況、具体的には興奮状態にあったこと、そして不穏症状のようなものがあったことから判断して、当時の私としては「目配り」だけれども、この日に限らず普段から不穏症状等があると尿失禁や便失禁等がある可能性が高いと思い、後で回ろうと判断したんです。

私としては、当時、普通の判断をしたつもりだったんです。そして、最後に残っていた403号室の丑沢さんの居室へ訪室すると、丑沢さんがいなかった。

ビックリして、Yさんという先輩の男性介護職員にPHSで連絡して状況報告等をしたところ、そのYさんからの指示（命令）で「下（ベランダ）を見ろ」と言われたんで、403号室のベランダに出て下をのぞき込んだら人影らしい形が見えたんで、Yさんにその報告をして、2人で裏庭に出て対応したのです。

丑沢さんの日（※事件及び事故）のことは、大まかには以上なのですが、私としては普段通りに夜勤をしていて発生したことだったのです。

・2件目（403号室、入居者・仲川さん）

仲川さんのとき（※事件及び事故）も、私は夜勤でシフトに入っていました。

私はこの日も普段通り夜勤をしていて、仲川さんが亡くなった日のだいたい午前3時から午前5時まで休憩に入っていて、施設1階の事務所にいました。

そしたら午前4時頃になって突然、ＰＨＳでＭさん（介護職員、男性）から電話がかかってきて「仲川さんが落ちている」と言われたんです。

その後、私は急いで４０３号室へ訪室してＭさんと一緒に４０３号室のベランダから下をのぞき込んだところ、人影を確認できたので、Ｍさんと一緒に裏庭に出て対応しました。

以上が、大まかですが2件目の内容（※事件及び事故）になります。

・3件目（６０９号室、入居者・浅見さん）
浅見さんについても書きます。

このときも私は夜勤としてシフトに入っていて、普段と変わらず介助の仕事をしていました。

私はこの日、午後11時から午前1時までが休憩となっていました。

この休憩の間というのは、基本的に1階の事務所か4階の食堂、または2・3階の休憩室（事務室）にいたと思います。

若干早めに休憩を切り上げたんですが、これは丑沢さんのときと同様で、１０６号室の、時間が比較的かかる方の介助が入っていたので、その後の自分のライン（業務）が遅れないようにするためでした。これは、もちろんこの日に限らずともやっていたことの一つでした。なので、106号室の介助のスタート時間としては、午前1時よりも若干早かったと思います。

その後、4階、5階、6階の各介助を行っていたところ、601号室からナースコールが鳴ったので、それに対応しつつ、609号室の浅見さんが6階のソファーにいらっしゃり、いわゆる不穏状態であったため、それにも気をつかいつつ、浅見さんのことが気になりつつも601号室からのナースコールを優先的に対応しました。

601に入室後、別の入居者さんの対応をして、ベランダへ通じる窓が開いていたこと等から、そのことを夜勤の相勤者Oさん（男性介護職員）へ報告しました。そしてOさんの指示で403号室のベランダから下をのぞき込んだところ、人影が確認できたのでOさんと2人で裏庭に出て対応しました。

以上が、3件目の浅見さんのおおまかな内容（※事件及び事故）になります。

（後略）

令和4年（2022年）8月28日　東京拘置所（内）今井隼人〉

窃盗をしてしまったことは事実で、大半は示談できたが、いまでも猛省していると、後に受け取った令和4年10月30日付けの5回目手記で、今井は言った。〈言い訳のように聞こえるかもしれませんが、当時の心境を振り返れば、月々の給与が安かったことが影響していたのかもしれないと、いまとなっては思います。〉と振り返る。

奪ったカネで同僚たちに奢っていたという。バレなかったことで感覚が麻痺してしまい、カネの出所について聞かれても〈大学病院でも働いているから〉と嘘をつくなど、〈自分のためというよりは同僚たちと遊ぶために窃盗を繰り返すようになっていた〉――そんな顛末も書かれていた。

窃盗事件については真摯に向き合っている様子がうかがえた。ただし、3件の転落死についてはその限りではない。先に後略した手記の内容を続ける。

〈要するに、1件目は丑沢さんが不穏状態にあったし、2件目は仲川さん以外の入居者さんの対応に追われていたし、3件目は（当時の私の判断としては）浅見さんの対応もあったし、それにプラスして自分自身の業務やナースコールもあり〉――

開き直ったような記述が続いたあと、〈仮に本件が事故ではなく事件だったとした場合であっても、この非常に緊張感のある独特な雰囲気のなかで犯行を行うというのは、無理です。〉と持論を展開する。

さらに、〈夜勤は3人しか介護職員がおらず、仮に他の現職員が施設内に入ってきたとしても気づかない可能性があるし、施設内に通ずる各扉の施錠も徹底されていたわけでもないし、防犯カメラも当時は一つしかなかった〉と、外部からの侵入者がいた可能性まで示唆したのである。

主張は全て事実だと仮定しよう。であるならば、今井は真犯人がいると考えているのだろうか。今井は直後の面会で言っていた。断定はできませんが、自分のなかではある人の顔が浮かんでいます、と。それは、次回の原稿で詳しく書きます、と。必ず冤罪を晴らす、との信念が伝わってきた。

ともかく、自信たっぷりにそう言われてしまえば、私は今井の手記を待つしかない。

微罪は認め、重罪は拒む。１９９８年7月25日に発生した和歌山毒物カレー事件でも見られたように、確かにこの手法は真実を追求する者たちに冤罪だと思わせる効果があるのかもしれない。今井が面会で見せたリアリティ。そして窃盗事件は全面的に非を認める——その2つがあいまり、私の天秤の針はわずかだが冤罪へと傾きかけていた。往復書簡をはじめてから、およそ5ヶ月後のことだった。

Yさんは「ベランダの下だよ」とはっきり言ったのです

ここに、読むたびに胸がざわつく6回目（2022年12月4日付け）の手記がある。便箋計8枚、差出人・今井隼人——。

冒頭は、改めて1件目（403号室、入居者・丑沢さん）の転落死についてだ。高齢者としては力が強い丑沢さんは、以前から徘徊や不穏行動、女性介護職員に対するセクハラ、酸素ボンベを振り回すなどの問題行動を重ねる無法者だった。ひいては丑沢さんの介助に積極的になる職員は少なかった。

そうした前提のあと、転落死当日にたまたま職員向けの健康診断があり、施設内には複数の夜勤担当者以外の職員がウロウロしていたと今井は記す。自分は午後3時くらいに出社し、健康診断を終えたのちに夜勤シフトに入ったと記憶をたどっている。

今井は引き続き、転落死の当日の夜勤担当者についての説明を始めた。いずれも先輩であるSさん（女性）とYさん（男性）、そして今井の3人である。

〈日付を跨いだ午前1時台に丑沢さんの目配りがあったんですが、この当日、つまり私が夜勤に入った前日の夕方からは丑沢さんに不穏症状があったことから、私の判断でよりスムーズに介助を進めていくために、丑沢さんの目配りを後回しにしました。いわゆるラインをどう回るかは、各自の裁量的な意味合いが強く、他の介助職員もそうしていたからです。〉

異変が起きたのはその数十分後。気づけば丑沢さんはベッドの上にいなかった。それを、今井は丑沢さんがベランダから転落したとされる午前1時40分頃に確認したという。

動ける丑沢さんなので、まず今井は居室内のトイレと浴室を探した。しかしどこにもいない。居室内にいないと判断した今井は、捜索範囲を広げることにした。

向かったのは施設内の４階食堂とその廊下周辺などだ。ベランダからの転落という想定外の事態まで頭が回らなかった、とした。

〈視界には、確かに丑沢さんの居室に行った際にベランダへと通じる窓やカーテン等も入っていたとは思います。しかし、窓ガラスが割れていたり、大きな音を聞いたとか、破損があるとか、そういった事実が確認できなかったために、ベランダからの転落という事態は、この時点では想定できなかったのです。〉

「これは……、どうしよう」

そんな戸惑いの声が聞こえた気がした。

丑沢さんの普段の行動範囲内でくまなく探したという今井。それでも見つけることができなかったので、先輩Ｙを頼ることにした――。

今井の説明はこれまでと違い入念で、しかも問題がないように思えた。私に置き換えてみても今井と足並みを揃えるという状況を描きだしていた。

だが、だからといってすべてを額面通り受け取るわけにはいかない。今井にしてみれば、かつて「むしゃくしゃして投げ落とした。殺すつもりだった」と自白した転落死の詳細は、絶対に語りたくはないところだろう。やはり冤罪を正当化する口実——作り話で私を、世間をねじ伏せようとしているだけ——そんな状況を鑑みて今井の主張に耳を傾けてみる必要がある。

そう私が慎重になる裏で、この続きには、今井の冤罪を判断するうえで重大なカギが記されていた。


〈正直、私はYさんよりSさんを頼りにしていたのですが、ちょうどSさんは休憩時間だったので連絡するのを躊躇いYさんにPHSで連絡をしました。咄嗟にとった感じの行動でした。Yさんに PHSで連絡をして伝えたことは、主に丑沢さんが居室にいらっしゃらなかったこと、そして4階の食堂とその廊下周辺全てもくまなく探したが見当たらなかったことです。それで、記憶は曖昧ですが、恐らく私から「どうしたらいいです?」と伺ったと思います。

するとYさんはから、「下、見たか?」といきなり言われたのです。本当にそう言われたのです。むろん、私の頭の中はハテナマークでいっぱいでした。

私はＹさんに対して、「下ってどこですか？」と聞きました。するとＹさんは「ベランダの下だよ」とはっきり言ったのです。言うまでもなく、言われた私は驚きとハテナマークとが交錯しました。


これまで書いたように、私はベランダの下を見るなど思いもしないので、「見ていない」と言いました。その後、Ｙさんから「じゃあ、いますぐ見てくれ」と言われ、「わかりました」となり私は丑沢さんを探すために４０３号室（丑沢さんの居室）に戻り、Ｙさんの指示（私としてはそう捉えたので……）に従ってベランダの下を見て人影のようなものを発見した、という流れになります。

なお、上記のＹさんからの指示、それも明確な指示については、当時は上記のような対応でいっぱいいっぱいでしたので、あまり深く考えることもありませんでした。しかし、本件で起訴されて、当時の状況を色々と整理しながら落ち着いて振り返ってみると、やはり引っかかるのです。

なぜかというと明確すぎるからです。これは、本件の第一審の弁護人も指摘していたことですが、例えば他の階にいる可能性もあるし、そもそも私はベランダを見ていないので、まずはベランダに出てベランダのＬ字部分を探すとか、Ｙさん自身が他の階を探すとか。徘徊等もあり、間違って施設外を徘徊したこともあった丑沢さんなので、居室や食堂周辺にいないからといってまだ施設内外の色々な場所にいる可能性があったわけです。

これが、もしも丑沢さんの転落以前に何らかの転落案件があり、かつＹさんがそれを経験していたとか、他の施設での何らかの転落案件について、当時、施設内で何らかの情報共有がなされていたのならば飛躍はないのですが……。そこにきて第一審の証人尋問では、Ｙさん自身が「転落案件は初めてだった」と述べています。そうなると、なぜ初めての経験にもかかわらず「ベランダの下を見ろ」と的確な指示を出せたのか。弁護人も私もいまだに不思議だし引っかかるのです。

私としても、当時の同僚で先輩であったＹさんのことを疑いたくはありません。でも、もし丑沢さんの件が本当に事件で、Ｙさんが犯人だとしたら、説明がつくことになります。

しかしながら、いまになって、例えば「私が犯人です」と語るわけもないので、実際のＹさんの胸の内は、たぶん今後もわからないのではないかと思っています。

その後、前述したように、Ｙさんの指示に従った私が４０３号室から裏庭を確認したところ、夜中で暗かったので初めははっきりとは見えませんでした。なので私は、Ｙさんに「いや、いなかったですね」と言いました。するとＹさんは言いました。

「本当にいないのか？」

よく目を凝らして再度みたところ、人影らしきものが見えました。私はＹさんに言いました。

「いるかもしれません」

そして二人して裏庭に出て丑沢さんの対応をしたのです。〉

疑惑が解けないでいた私。それを美化する装置として、こうした持論が展開された。今井は恨み節が聞こえてきそうな勢いで先輩Ｙを疑えとばらまいたのである。

だが冷静に考えると、口車に乗せられた気がしないでもない。示されたのは今井の主張のみ。直接証拠も裏付けもない。

現時点では一方的で、先輩Ｙに話を聞くまではにわかに信じがたい言説だ。真相を突き止めるためには、やはり先輩Ｙに接触する必要があるだろう。

疑惑の真犯人を追って

２０２２年末。１件目の転落事件時に夜勤勤務し、今井が真犯人だと名指した先輩Ｙの自宅は、神奈川県某所にあった。が、私が訪れたときは既に引っ越したあとで、今井の主張の裏を取ることはついにできなかった。

とはいえ、図らずも浮上した冤罪の糸口を無下にはできない。特に今井がそうであったと記したように、先輩Ｙが「ベランダの下を見ろ」と的確な指示を出したという一節に私も引っかかりを感じていた。

そして直後に海塚と一緒に面会した際には、驚くことに疑惑の根拠は的確な指示にとどまらず、先輩Ｙは今井が逮捕されたおよそ3年後、一連の転落死とは別の殺人事件で容疑者として逮捕された過去があることを今井から何気なく付言されたのである。

先輩Ｙの逮捕を今井は、おそらく拘置所のなかで新聞を読み、知ったのだろう。２０１８年6月8日に配信されたネット記事『ＮＨＫニュース』にその足跡は残っていた。２０１７年に神奈川県相模原市の路上で60歳の男性（会社員）が刃物で腹や腕などを刺され死亡した事件で警察に逮捕された男こそ、その先輩Ｙだったのだ。

同『ＮＨＫニュース』は、詳細について次のように伝えている。

〈現場では、事件直前に死亡した60歳男性と男が路上で言い争う様子が複数人に目撃されていて、男はその場から自転車で逃走していた。防犯カメラの映像などから警察が捜査を進めた結果、現場近くに住む自称・派遣社員の男が事件に関わった疑いがあるとして逮捕した。60歳男性と派遣社員の男との間で何らかのトラブルがあったとみている。〉

現場には、被害者の血痕が付着する一つのメガネが残されていた。警察はそのメガネを元に捜査を進めた。すると、メガネの持ち主が派遣社員の男だとわかったという。

プリントアウトした記事に独自に入手した顔写真を添えて海塚とした後日の面会で今井に確認すると、確かに自称・派遣社員の男は先輩Ｙだった。おそらく今井はこのファクトをもって、自身の主張を支える根拠としたかったはずである。

〈よく（勤務先）近くのＢＡＲに、一緒に飲みに行っていましたよ。普段は大人しいという感じだったんですが、お酒を飲むと変わる印象でした。言葉遣いが荒くなるというか。〉

こうして今井が同僚の域を超えた仲だったと裁判記録に残した先輩Ｙの証言が、判決にも影響をしていた。

〈第２の転落事件の１週間ほど前に、被告人（今井）が「Ｓアミーユ」に勤務中、第２の被害者から「何だか感じるんだよね」と言っていた。〉

第１の転落事件後に今井は、入居者数人の名前を揚げて「何か感じる」と語ったという。後にそのなかの一人が転落死した。

そう、今井が発したその言葉が〝犯行予告〟だと認定されたのである。その証言をした人物こそ、今井が真犯人だと掲げる先輩Ｙだったのだ。

この裁判記録について聞くと、今井は顔を歪ませた。そして言った。

「体が弱く、もう長くは持ちそうにない何人かの名前をあげただけなのに。それが恣意的に一人の名前にされた。先輩Ｙこそ虐待をしていたのに。」

なぜいま先輩Ｙについて口にするのか。それは施設には殺人事件を犯すような人物、そして日常的に虐待を繰り返していた人物がいたことからして、容疑者の範囲は今井以外にいっそう膨らむはずである。そして先輩Ｙは冤罪を晴らす重要プレイヤーだと今井は考えているからだ。

繰り返すが、一連の転落死が起きる前、「Ｓアミーユ川崎幸町」では入居者に対する虐待事案があった。それには複数の介護士が関与していた。解雇され、暴行罪で刑事裁判にかけられた者もいる。

ひいては先輩Ｙも暴行の疑いが持たれた一人だった。今井は続ける。

「直接見たわけではありませんが、先輩Ｙが介助しているとき、転落事件の被害者があげた叫び声を聞いたことがあります。」

裏付けのため「Ｓアミーユ」の介護記録を入手した。見れば、確かに先輩Ｙは転落事件の被害者を担当していたが、虐待の有無の記載はなかった。ただし、入居者の問題行動だけは記されていた。
〈パンツをはいていらっしゃらないので、はきましょうと言いましたが、腕をねじられ「折るぞ」と言われたので応援を呼びました。「ぶっ殺すぞ」とパンチ数回あり。〉
〈廊下を歩かれているところを発見。事情を伺うと「漏らしちゃったよ。なぜ歩いているのかはわからない」と。〉

「転落事件の後、『その人が亡くなったのは、よかった』と」

先輩Yはそう漏らしていたと今井は言った。わずかな沈黙の後、もちろんそれだけで犯人だと断定することはできないことはわかっていますと口を切り、「だから、このことは警察にも言っていません」と締めた。

「冤罪、あるかもしれないね」

今井に感化されたのか、東京拘置所から小菅駅へ向かう道すがら、いつもより若干早足の海塚が興奮気味にそう私に投げかけてきた。

海塚の歩幅に引っ張られるようにして私も早足になっていたが、努めて冷静になろうと立ち止まり、カバンから水の入ったペットボトルを取り出し、一口飲んでから、こう返した。

「なら、和歌山毒物カレー事件も?」

私の天秤の針も、さらに少しだけ冤罪の方へと傾いていた。だが、カレー事件についてはその限りではない。

「カレー事件は冤罪が色濃いよね」

海塚は言った。即答だった。

「でも、覆すのは難しいよね?」

やはりカレー事件と重ねてしまう。林真須美はひとたび死刑が確定した。しかし再審請求をして、和歌山地裁により受理された。

ただ、今井の事件とは決定的な違いがある。

「やはり、アレがあるのは強いよね?」

答えを待たずに質問が来て、そのまま海塚が答える。

「カレー事件は自白がないからね」

だが、今井の事件にはそれがある。


相模原の刺殺事件で逮捕された先輩Ｙが犯人で、一連の今井の証言が本物だとしたら、先輩Ｙはおそらく「転落死事件の容疑者」と思われるに違いない。たとえ、３件の事件が起こった日すべてで夜勤をしていたのが今井ただ一人だったとしても……。

そこにきて先の『ＮＨＫニュース』は、先輩Ｙについて、横浜地裁が「男性が犯人であることの合理的な疑いの余地を挟む程度の立証がされてない」として２０１９年5月31日に無罪判決を言い渡したことから、二審の高裁判決（２０２０年1月23日）でも一審に続いて無罪を言い渡したことまで、順を追って簡単に報じていた。

これをもって今井が口にした真犯人の主張は、根拠がなかなか定まらないまま頭の片隅に留めておく程度にせざるを得ないのでは——高裁の判決が強く警告しているように思えた。

そして改めて思うのは、今井は冤罪かもしれないが、極めて色濃い容疑者に違いはないことだ。

拘禁反応と母親の手紙

〈区切りがよいので今回はここまでとさせていただきます。今後とも宜しくお願い申し上げます。
令和4年（2022年）12月4日（日）東京拘置所（内）今井隼人〉

真犯人について綴られた「『note』連載6回目」における、今井の締めの言葉である。続きの手記はこれまでは、約1ヶ月スパンで送られてくるのが基本だった。だが、年を跨ぎ2月に入ってもそれはなかった。

と、いつも原稿とは別に同封されていた「通信文」にこう書かれていたことを思い出す。

〈最後に、次回の面会についてですが〉――

今井がこの通信文を綴ったのは、6回目の原稿と同日の12月5日。そしてこう続くのであった。

〈私個人と致しましては、できれば年内に（今年は、大変、個人的にもお世話になりましたので、会っておきたいなと思っております）高木さんと面会できたらいいなと思っておりますので、何とぞ、ご検討して頂けたらと存じます。〉

そして、間髪を入れず、念を押すようにこう続けていた。

〈――前述のとおり、年内にもう一度、お会いしておきたいなとは、思います。どうか、ご検討下さいませ。〉

今井は面会を求めていた一方、私は単行本の執筆に追われていた。気まぐれに過ぎないのか、それとも緊急事態なのか。締め切りまで約2ヶ月。振り返れば心ないとしか言いようがないかもしれないが、さして気には止めていなかった。

ひいては面会を後回しにしていた。しかし、このとき、今井に魔の手が迫っていたことが、後にわかる。

そのことを私は、今井との面会を重ね、この時期にも面会をした支援者に確認して、後で知った。

支援者は言った。

「年末あたりのことです。『大変なことになっている。いますぐ来てほしい』というような内容の電報がいきなり届いたのです。会えば不調をきたすというか、かなり変調をきたす感じで、『私は命令されている』『声が聞こえる』『電波が』『チップを埋め込まれた』などと突拍子もないことを口走りだしたんです。つまり〝幻聴〟を訴えるようになってきたんですね。これは明らかに拘禁反応だなと思いました」

拘禁反応、言わずと知れた刑務所や拘置所などに拘禁されて起こる精神症状のことだ。長年の隔離生活により頭痛やめまい、吐き気、幻覚、妄想、被害妄想、興奮、混迷、的外れな応答などの症状が現れる。根っ子にあるのは将来への不安と孤独——それによって、今井は拘禁症状に罹患していたようなのだ。

これなら「会いたい」と繰り返したことも、原稿を書けなかったことも納得できる。頭のなかは幻聴であふれ、自分で自分をコントロールできない状況下で、誰かに助けを求めるしか方法はなかったからだ。

これまでのところ、その兆候はなかった。ひいては、支援者も、「すぐに医者にかかるように言いましたが、『自分は正常だ』と繰り返すだけで」と、戸惑うばかりだった。

ところが、である。しばらくすると、今井に変化が生じた。

拘禁反応を認めたわけではないものの、支援者のアドバイスを聞くようになり、それを経て、医者にかかり坑不安剤の服用を始めたのである。

拘禁反応はどうなったのか。

「その後も面会を重ねると、だいぶ良くはなっている様子でした。数ヶ月、そうですね、3月半ば頃にはで落ち着きを取り戻した様子でした」

幻覚や妄想に駆られることはなくなった。だが、どうして今井はこうなったのだろうか。拘禁反応のことである。

実は、この拘禁反応は、欺瞞でも長期にわたる拘禁によるものでもないようだった。

このときの状況を理解するために取材をすすめるなかで、母親からの手紙を入手すると、母親は勤め先からの退職を理由に、以前から支援金の減額をしたい旨を伝えていて、ついにはその土壊になるような記述が見られたのである。

〈隼人様

領収書、手紙、ロト申請書、年金他の書類、受け取っています。元気そうで安心しました。お母さんの体調を気にしてくれて、ありがとう。この頃は、両足の指のあたりが浮腫んで、足首もむくみ、歩くのが大変な時があったりしています。毎日ではありませんが……。

今週は病院なので、医者に相談してみようと思っています。他は特に変わりなく過ごしています。今すぐ、どうのこうのという状態ではないと思うので、あまり心配しないでくださいね。〉

書き出しは、母を気遣う息子への感謝の言葉から始まる。だが、母親は〈隼人くん〉や〈隼人へ〉ではなく、〈隼人様〉と、いきなり冒頭から他人行儀だった。

〈WBC関連のタオルが欲しいとのことでしたが、一般のスポーツ店では取り扱いがなく、ネットはすべてが売り切れ状態です。タオルに限らず、Tシャツもすべてが売り切れです。佐々木君とかに限らず、全ての選手のグッズが売り切れでした。タオルが必要なら、面会の時に差し入れしようと思います。一般のタオルで良いかどうか。また手紙で知らせてください。〉

ＷＢＣ関連のグッズを差し入れることができないことが明かされたあと、母親は生活費を切り詰めて支援していることを記す。

〈前回、弁護士の先生から電話があったことは伝えましたね。心理の先生が、大阪からこちらに来るにあたり、交通費等の支払いをしたいとの話でした。

５万円がかかるとのことで、それをお母さんに負担してほしいとのことですね。考えさせてもらって、生活費とかを切り詰めれば、５万円は捻出できる計算になりました。なので、今回の５万円は負担できることになります。生活費を削ってのことなので、今回だけとのこともあるので、出すことにしました。〉

そして手紙は、急展開して息子を突き放すような言葉で締められるのだった。

〈申し訳ありませんが、これ以上（の支援）は無理であることも伝えておきます。〉

これ以上はカネがせびれそうにないこの手紙を目にしたショックが、今井に拘禁反応をもたらしたのではと考えられるのだ。いや、それ以上に、今井が落胆したのは、これまで厚遇してくれていた最大の理解者であり支援者、つまり母親からそっけなくされたことだろう。

そこには、傍目から見ても母と息子のいびつな距離感が滲み出ていた。通常、殺人を犯したとして容疑者になったケースでは、有名事件でもない限り多くの支援者や支援金が集まることはない。果たして支援者は私の知る限り家族ほか数名だけ。カレー事件のように支援者の会が結成されることなどないのだから、母親からの支援打ち切りは、今井にとっては冤罪云々より大きな意味があるように思えた。

事実、母親だけに見せる今井の顔は実に能天気で、冤罪を訴え、来る判決にヤキモキするところがまったくない。

先の支援者の話からは、そんな様子が見てとれる。象徴的なのが母親から支援してもらったカネの使い道だ。

「無駄遣いというか、野球のユニホームを買ったりなど趣味に使ってましたよね。あとはギャンブルも好きで、ナンバーズや馬券を頻繁に、お金を渡されて彼の代わりに買っていました」

最も入れ込んでいたのは競馬だ。先の支援者は続ける。

「毎週、予想表が送られてきて、その指示通りに馬券を週に数千円ほど購入し、後で代金をもらうのです。そんなことをしている場合かな、という気持ちもありつつ、それが息抜きならと付き合ってあげていました」

そんな散財に対して、「高裁でも死刑判決が下されれば、最高裁で戦う必要がある。そのためにもお金が必要です。弁護費用を捻出するためにクラウドファンディングをお願いしたい」と今井は言った。しかし先の支援者は「大口なのは高額な野球グッズの購入です。一着5万円もするユニホームを何着か買って差し入れました。それはもう、カネに糸目をつけず、という感じでした」と語る。

その散財の原資は、多くが母親からの支援金だったのだろう。それが端的に現れたのが、先の手紙にある〈申し訳ありませんが、これ以上（の支援）は無理であることも伝えておきます。〉との記述だった。

大人になっても親のスネをかじる子供そのものと言わざるを得ないが、確かに今井には以前から母親に対するタカリ癖があった。中学生のとき、吹奏楽部の後輩たちとの沖縄と北海道旅行のために母親のクレジットカードのカード番号と暗証番号を空で覚え、それをカード会社に電話で伝えて勝手に決済をして後輩たちのぶんまで奢ったのがことの始まりだ。カネの使い込みは、後にカード会社から100万円近くの明細書が母親に届いたことや、一緒に行った後輩の母親からの問い合わせでバレる。が、過剰なまでの庇護意識からか、母親はそんな今井をキツくは叱れないでいたようだ。

今井は手記で次のようにこのときのことを振り返っていた。

〈このころから金銭感覚がオカシクなっていたのかなと思います。高校でも、仲間とカラオケやボーリングやショートゴルフに行ったりしていました。そのお金は、すべて私が出していました。ショートゴルフには、特に仲が良かったY君やN君と行っていました。学校の最寄り駅からタクシーで行くほどだったので、金銭感覚は、かなり狂っていたと思います。〉

以来、母親は、今井にとってATM同然の存在だった。
その母親が、支援を打ち切る、と言っているわけだ。

だが数ヶ月が過ぎると、今井は落ち着きを取り戻したようだ。なぜかといえば、今井は再び筆をとり、7回目の手記が届いたからだ。

しかも、〈今回は3件目の浅見さんの件について書かせていただきます〉と題し、これまであまり詳細を語らなかった第3の事件について口火を切ったのだから、拘禁症状が緩和されただけではなく、何かがプラスに働いたようだ。

「絶対に閉めました」警察に嘘をついてしまった第3の事件

7回目の手記が届いたのは、2023年4月24日だった。

〈今回の原稿は、3件目の浅見さんの件について（あらためて詳しく）書かせていただきます〉

そんな書き出しに始まり、母親からの支援打ち切りに端を発したであろう拘禁状態など、まるでなかったかのように続く。

〈事件当日に「不可解」なことがあったのです。当日は、普段通り15時30分頃には出社して、夜勤の準備を始めて、終わって、その後、夜勤（16時〜）に入り、23時から25時まで休憩をして、25時以降の介助に入りました。

6階に行った際、浅見さんが廊下のソファにいらっしゃいました。しかし、他の目配りがあったため、ソファにいた浅見さんはそのままにして（一言、言って）待っててもらいました。浅見さんのことが気になっていた私は、他の目配りをして、浅見さんを609号室に戻すか、601号室の目配りをするのか迷っていたのですが、結局、目配りで簡単に終わると思った私は、目配りをして、その後、浅見さんを609号室に戻し、記録に書きました。

浅見さんを609号室にお戻しして、他の居室を回っていたところ、突然、601号室のナースコールが鳴りました。601号室の入居者さんに認知症があったかどうかはちょっと曖昧なのですが、ご自身のことはできていた方で、深夜にナースコールが鳴るのはかなり珍しいことでした。なので、ナースコールが鳴った時点で「かなり珍しいな」という印象をもったのです。

4～6階がメインの担当で、ナースコールを取った私は、601号室に訪室しました。訪室して入居者さんの元へ近づいていったのですが、何のリクエスト（例えばトイレ等の）が出なかったのです。しかも、ナースコール自体については「押してないわよ」とのことだったのです。この時点で不思議さを抱いていたのは事実なのですが、ベランダを見る勇気がなかったのです。

まず、私がしたこととしては、6階の他の入居者について、誰かが入ってきてしまった（入った）可能性もあると思って、他の6階の居室を回ることにしました。6階の他の居室を回っていると、609号室の浅見さんがいないことがわかり、その他の居室は外泊の方や空き部屋は除いて、在室していることがわかりました。

それで、601号室の入居者さんの発言と、浅見さんがいないことが結びついた私は、怖くなって、相勤者のOさんに状況を報告したのです。すると、Oさんから1階の食堂で集合するように言われ、601号室をそのままにして、私は1階に降りました。

なお、６０１号室の入居者さんの目配りの介助の際に、本来であれば退室時には施錠しなければいけなかったところ、浅見さんのことが頭にあったので施錠をするのを忘れてしまったのです。なので、その後の、当時の警察の聞き取りもそうなのですが、６０１号室については施錠を忘れたことへの後悔があったので嘘をついていました。施錠をしていなかったときに浅見さんが入って、それが原因で転落したとしたら、自分自身が逮捕されたりするのかとも思ったりしたからです。施錠のし忘れは、それだけ大きかったのです。

1階に降りた私は、Oさんと合流をして、Oさんの提案もあって1階からではなく４０１号室に行くことにしたのです。

私は、当時から思っていたことだったのですが、1階から出で合流をして、そのまま1階の裏庭から確認すると思ったのですが、それはせずに、逆にOさんは６０９号室の真下部分の確認をしたのです。そして、4階に行くことになったのも、Oさんの提案だったので、その提案にビックリしたのですが、先輩であったので、それに従うことにしたのです。４０３号室へ向かった私とOさんは、４０３号室のベランダから下を見たのです。すると、人影らしきものを発見したので、そのまま慌てて1階の裏庭に行ったのです。

1階の裏庭に行くと、浅見さんが倒れていたので、私が中心となって心肺蘇生法をしたりしました。転落したのだと思っていました。慌てていたので良く覚えていませんが、Tさんも、どこかのタイミングで来ていて、浅見さんの足元で、浅見さんのお名前を言いながら泣いていました。

その後、救急隊が到着して、浅見さんのことを引き継いで、私も病院に行くことになったのです。そして、病院に到着後、浅見さんがまだ処置中だったのかは覚えていないのですが、警察から事情を聞かれたのです。そして浅見さんは亡くなってしまいました。

施設長も病院に到着して、ご家族にも当時の状況を説明したのです。私も説明した記憶があります。施設へ帰った後も、業務が終わった後に、警察から事情を聞かれました。しつこく、というか、何度も繰り返し聞かれたこととしては、601号室の施錠の件でした。私はすでに書いたような心情でしたし、浅見さんも亡くなってしまった後だったので、「絶対に閉めました」と言い張ったのです。当時は、「施錠をしていない」とは怖くて言えませんでした。繰り返しますが、逮捕されるのではと思ったからです。

嘘をついてしまったことは、いまでも覚えていて、後悔もしています。601号室の施錠の件については、もっと落ち着いて必ずやるべきだったとの反省もあります。

これまで、1件目から3件目までの各事件について色々と書かせていただきましたが、特に3件目については、ナースコールや浅見さんがご自身の居室ではない居室から転落したと思われたこと、それに、浅見さんの身長などから、自力での転落はかなり困難だと当時から思っていました。浅見さんが亡くなってから、どのくらい経った後かは覚えていないのですが、当時の同僚たちと飲み会の席などで、浅見さんの件の話になったときに「かなり難しい」という話になったことは覚えています。それ以外はもう、はっきりとは覚えていません。

今回の原稿は、ここまでにさせていただきたく存じます。今後は生い立ちのことを中心に書きたいなと思っていますので、どうかよろしくお願い致します。

令和5年4月22日（2023年）東京拘置所（内）今井隼人〉

今井はここにきて、これまであまり語らなかった3件目の事件について詳しく綴った。事件時に相勤していたOの不条理を訴えながら、今井は「逮捕されるのでは思ったから」と、自身がついた嘘にも言及した。不利になる点も隠すことなく記したことで、迫る高裁判決で無罪を勝ち取りたいという意気込みが伝わってきた。

そして、なぜいま拘禁症状から脱したのかだ。それは今井の精神的、経済的支柱である母親の存在が大きいのではないか。支援者は言った。

「実はその後も支援は続いたようです」

これで最高裁へまっしぐらだ。このとき今井は、おそらくこうした心境だったのだろう。この手記は、これまでとは違い、まるで、今井の晴れ晴れとした気持ちを表しているかのようだった。

「もう限界」無罪主張から一転――上告取り下げ

拘禁症状から脱したかに見えた今井は、その後の面会で「無罪を勝ち取ります」と力強く言っていた。なのに、まさかいきなり上告を取り下げるなんて。これにより死刑が確定してしまうのがわかってのことなのだろうか。死を覚悟したのだろうか――。

最高裁で審理中だった川崎老人ホーム転落死事件で、今井が上告取り下げの手続きを行ったという驚きのニュースが飛び込んできたのは、最後の手紙から23日が経った5月15日のことだった。

その一報がネットニュースで配信されたのは、この日の夕方だった。読売新聞オンラインは次のような記事を掲載している。

〈老人ホームの入所者3人を転落死させた元職員、上告取り下げで死刑確定〉

川崎市の老人ホームで２０１４年、入所者３人を転落死させたとして、殺人罪に問われた元職員・今井隼人被告(30)の死刑判決が確定した。今井被告が11日付で弁護人による上告を取り下げた。

一審・横浜地裁の裁判員裁判と二審・東京高裁の判決によると、今井被告は同ホームに勤務していた14年11～12月、入所者の丑沢《うしざわ》民雄さん（当時87歳）、仲川智恵子さん（同86歳）、浅見布子さん（同96歳）を施設のベランダから転落させ、殺害した。

今井被告は逮捕前や逮捕直後の取り調べで「被害者を転落させた」などと3人の殺害を自白したが、途中で黙秘に転じ、公判では一審の初公判から一貫して無罪を主張。弁護側は「警察官の圧力を受け、虚偽の自白をした」などと訴えていた。

しかし、18年3月の一審判決は自白の信用性を認めた上で、「人間性のかけらもうかがえない冷酷な犯行だ」と述べ、検察側の求刑通り、死刑を言い渡した。昨年3月の2審判決もこれを支持したため、弁護人が最高裁に上告していた。

（読売新聞オンライン　２０２３年5月15日）

上告取り下げのニュースの翌日に今井から届いた海塚宛ての手紙には、そうとだけ記されていた。

「もう限界」

寝屋川市中1男女殺害事件で控訴取り下げをした山田浩二死刑囚の「もうどうでもいい」という言葉が思い出される。自暴自棄になり、誰にも相談することなく控訴取下書を書いたというが、今井は何が限界だったのか。

上告取り下げを知り、まだ東京拘置所にいるであろう今井に、すぐに詳しく教えてほしい旨を記した手紙を私は送った。

そして――。２０２３年5月22日、Ａ４大の茶封筒が速達で私の自宅に届いた。差出人は今井だったことは言うまでもない。

茶封筒を開けると、計8枚の便箋が入っていた。

〈上告を取り下げたため、最後の原稿として色々と書かせていただきます。〉

そんな見出しで始まった。調子はいつもとそれほど変わらない。日付は5月18日。つまり上告を取り下げから一週間後に書いたものだ。

幼少期、イジメられていた中学時代、そして、Sアミーユに就職するまでと、自身の生い立ちが改めて記されていた。中学時代に母親のクレジットカードを使い込み、それがきつくは咎められなかったことで感覚が狂った。そしてカネで人間関係を買い続けてきたのだった。

だが、半生を書き終えると、後半から状況が一変する。

〈事件のことを語るにあたって、専門学校のころの出来事は大きく影響していると思います。〉

専門学校のころの出来事とは、湘央生命科学技術専門学校・救急救命学科に入学して救急救命士を目指したころのこと。「かっこいい」。実習で救急救命措置をしている自分酔い、そして、「そんな自分を見てほしいといった気持ちが強くなった」という。

18日に書き始めたその手記は1日では終わらず、〈続きは事件にスポットライトをあてて書きたいと思います。〉と記したのを最後に、後半は20日と、日付を跨いでいた。いくばくか逡巡して書かれたことがわかる。

〈これは、事件にも関わってくると思います。〉

今井は、そう前置きして改悛を始めた。

〈これまで事件について「やっていない」と言っていて、裁判でもそのように主張してきましたが、実は私がやったことで間違いないのです。私がしてしまったことについてはこれから書くとして、まずは、なぜ、いま、このタイミングで上告を取り下げに至ったのかについて書こうと思います。

いま、このタイミングで上告審の途中で取り下げたのは、もう私の気持ちが限界だったからです。

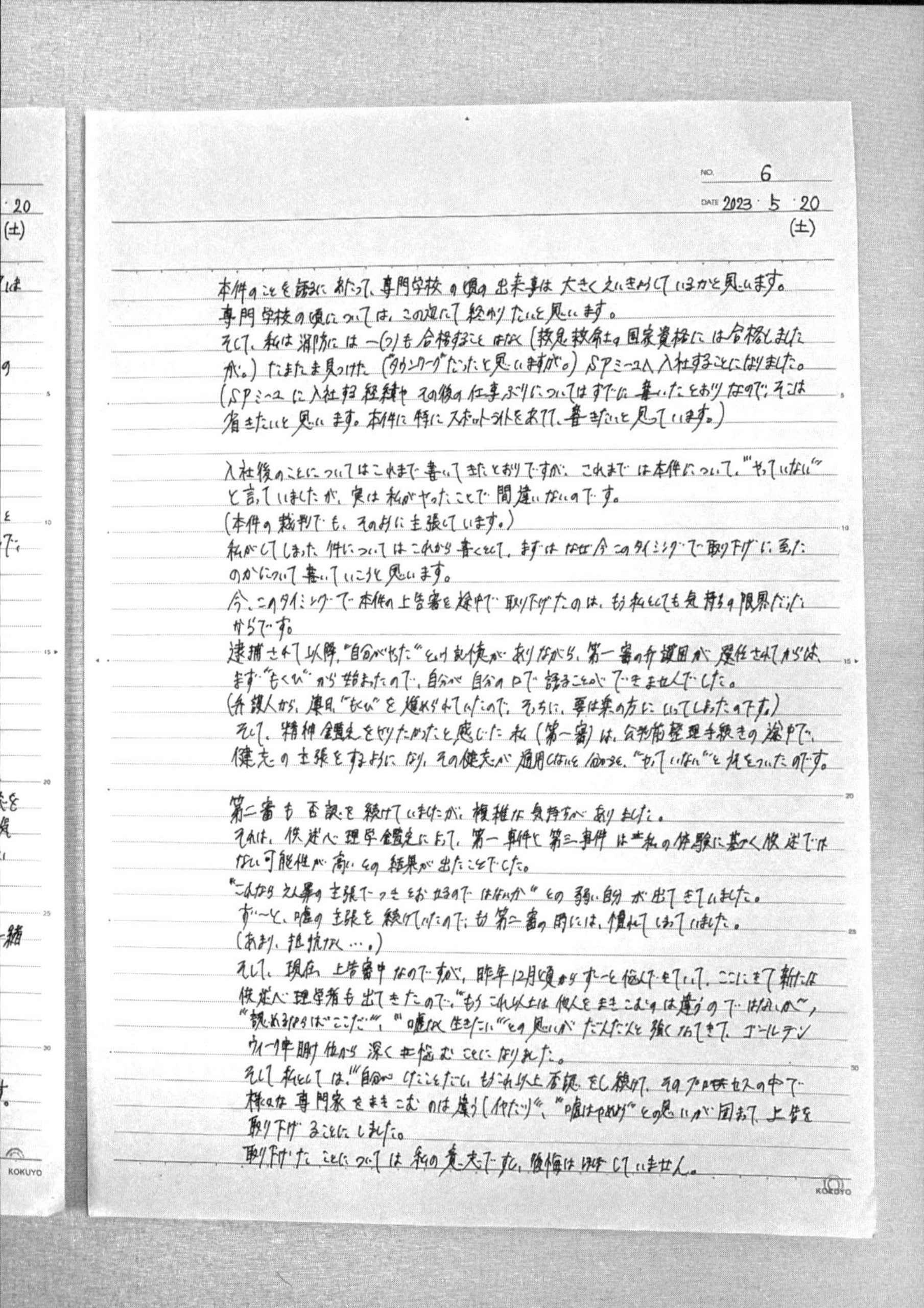

NO. 6
DATE 2023.5.20
(土)

本件のことを語るにあたって、専門学校の頃の出来事は大きく関わってくるかと思います。

専門学校の頃については、この辺にて終わりたいと思います。

そして、私は消防には一(つ)も合格することはなく(救急救命士の国家資格には合格しましたが。)たまたま見つけた(タウンワークだったと思いますが。)SPミールへ入社することになりました。

(SPミールに入社する経緯やその後の仕事ぶりについてはすでに書いたとおりなので、そこは省きたいと思います。本件に特にスポットライトをあてて、書きたいと思っています。)


入社後のことについてはこれまで書いてきたとおりですが、これまでは本件について、"やっていない"と言っていましたが、実は私がやったことで間違いないのです。

(本件の裁判でも、そのように主張しています。)

私がしてしまった件についてはこれから書くとして、まずはなぜ今このタイミングで取り下げに至ったのかについて書いていこうと思います。

今、このタイミングで本件の上告審を途中で取り下げたのは、もう私としても気持ちの限界だったからです。

逮捕されて以降、"自分がやった"という記憶がありながら、第一審の弁護団が選任されてからは、まず"もくひ"から始まったので、自分が自分の口で話すことができませんでした。

(弁護人から、連日"もくひ"を進められていたので、そっちに、要は楽の方にいってしまったのです。)

そして、精神鑑定をやりたかったと感じた私(第一審)は、公判前整理手続きの途中で、健忘の主張をするようになり、その健忘が通用しないと分かると、"やっていない"と嘘をついたのです。


第二審も否認を続けていましたが、複雑な気持ちがありました。

それは、供述心理学鑑定によって、第一事件と第三事件は"私の体験に基づく供述ではない可能性が高い"との結果が出たことでした。

"これなら冤罪の主張でつきとおせるのではないか"との弱い自分が出てきていました。

ずーっと、嘘の主張を続けていたのでもう第二審の時には、慣れてしまっていました。

(あまり、抵抗なく…。)

そして、現在、上告審中なのですが、昨年12月頃からずーっと悩んでもいて、ここにきて新たな供述心理学者も出てきたので、"もうこれ以上は他人をまきこむのは違うのではないか"、"認めるならばここだ"、"嘘なく生きたい"との思いがだんだんと強くなってきて、ゴールデンウィーク明け位から深く悩むことになりました。

そして私としては、"自分がやったことなのにもうこれ以上否認をし続けて、そのプロセスの中で様々な専門家をまきこむのは違う(イヤだ)"、"嘘はやめよう"との思いが固まって、上告を取り下げることにしました。

取り下げたことについては私の意志ですし、後悔はほぼしていません。


最後に拘置所から届いた手記。「嘘なく生きたい」と2度目の自白に至る心情を綴った

NO. 7
DATE 2023・5・20
(土)

法廷で真実を語れなかったことについては、後悔していますし、もくひは当時は正しかったと思っていましたが、今となっては正しいことだったのかどうか自分自身でも分かりません。

(もくひ権については、あった方が良いのでしょうが、その答えは自分自身でも分かりません。)

あと、この事実を外部の人たちに伝えるというのは中々勇気が必要でしたし、伝えるまでには相当の"かっとう"があったことも事実です。

今こうして伝えようと思ったのは、もう上告の取り下げをしたことがやっぱり一番大きいのです。


本件のことについては、本件の第一審判決が私は正しいと思っています。

(ただし、忍澤さんの動機については、作文ぽいので、違うかなと思いますが…。)

第一審判決によれば、忍澤(さん)の殺害を決意したのは4階の食堂でテレビをこわしたことによってストレスが~~ホ~~爆発したということになっていますが、実際は当日勤務してきた時ですので、事実とは違います。

(なぜ、忍澤~~さんターゲット~~さんがターゲットになった(した)のかは、自分自身でもよく分かりませんが、
忍澤さんがいなくなることによって、全体の入居者数と業務量が減ることは事実なので、
そういった気持ちからやってしまったのかもしれません。

自分自身でもよく明確には分からないのです。)

また、転落させたことは事実ですが、忍澤さんの命は亡くなるまでは思っていませんでした。

それが本心です。


そして仲川(さん)と浅見(さん)の動機は心肺蘇生法を"じっせん"させたいとのことですが、当時介護付有料老人ホームで働いていた私は突然、日頃から(消防ではないので)救急対応をすることが多くなかったため、その自分のもっている技術を人に見せつけたいとの思いから、(その気持ちがあの施設で働いていく中で~~ホ~~強くなっていってしまいました。)お2人を転落させてしまいました。

(→自分の持っている技術を周りに見せたいとの気持ち~~ち~~ちが強くありましたので…。)

また、当日の担当職員(つまり相勤者)が後輩の日(第3事件)や、違う緊急対応で一緒だった人(第2事件)がいるときに、転落させたということもあります。


いまはただただただ、転落させてしまったことについて、申し訳なく思っています。

この刑を受け入れたいと思っています。

そして、これまで私が嘘をつき続けてしまったこと、本当に申し訳なく思っています。

これからもできる活動はしていきたいと思っていますので、何とぞどうか、よろしくお願いします。

以上

KOKUYO

—0001
東京都葛飾区[redacted]小菅

逮捕されて以降、「自分がやった」という記憶がありながら、第一審の弁護団が選任されてからは、まず「黙秘」から始まったので、私が自分の口で語ることができませんでした。連日、弁護人から「黙秘」をすすめられていたので、そっちに、要はラクな方にいってしまったのです。そして、第一審時に精神鑑定をやりたいと感じた私は、公判前整理手続きの途中で健忘の主張をするようになり、その健忘が通用しないとわかると「やってない」と嘘をついたのです。

二審も否認を続けていましたが、複雑な気持ちがありました。それは、供述心理学鑑定によって、第1（丑沢さん）と第3（浅見さん）の事件は私の体験に基づく供述ではない可能性が高いとの結果が出たことでした。ひいては「これなら冤罪の主張で突き通せるのではないか」との弱い自分が出てしまいました。ずっと嘘の主張を続けていたので、もう第二審のときには慣れてしまっていました。あまり抵抗もなく……。

そして上告審中なのですが、去年12月ごろからずっと悩んでいて、ここにきて新たな供述心理学者も出てきたので、もうこれ以上は他人を巻き込むのは違うのではないか、「認めるならばこそだ」「嘘なく生きたい」との思いがだんだん強くなってきて、ゴールデンウィーク明けくらいから深く悩むようになりました。そして、私としては、自分がしたことだし、もうこれ以上、認否をし続けて、そのプロセスのなかで様々な専門家を巻き込むのは違う、嫌だ、「嘘はやめよう」との思いが固まり上告を取り下げることにしました。

取り下げたことについては、私の意思ですし、後悔はほぼしていません。法廷で真実を語れなかったことについては、後悔をしていますし、黙秘は、当時は正しいと思っていましたが、いまとなっては正しいことだったのかどうか、自分でもわかりません。（黙秘権については、あった方がいいのでしょうが、その答えは自分でもわかりません）

あと、この事実を外部の人たちに伝えるというのは、なかなか勇気が必要でしたし、伝えるまでには相当の葛藤があったことも事実です。いま、こうして伝えようと思ったのは、もう上告の取り下げをしたことが、やはりいちばん大きいのです。

事件のことについては、一審判決が正しいと私は思っています。ただし、第2の仲川さん事件の動機については、作文っぽいので違うかなと思いますが……。

一審判決によれば、仲川さんの殺害を決意したのは4階の食堂でテレビを壊したことによってストレスが爆発したということになっていますが、実際は、当日勤務してきたときですので、事実とは違います。なぜ丑沢さんをターゲットにしたのかは、自分でもよくわかりません。ですが、仲川さんがいなくなることによって、全体の入居者数と業務量が減ることは事実なので、そういった気持ちからやったのかもしれません。

また、転落させたことは事実ですが、仲川さんのときは亡くなるとは思っていませんでした。それが本心です。

そして丑沢さんと浅見さんの動機は、心肺蘇生法を賞賛されたいとのことですが、当時、介護有料老人ホームで働いていた私は、当然、日頃から（消防ではないので）救急対応をすることが多くなかったために、その自分の持っている技術を人に見せつけたいとの思いから、お二人を転落させてしまいました。その気持ちが、あの施設で働いていくなかで強くなっていってしまいました。繰り返しますが、自分の持っている技術を周囲に見せたいという強い気持ちがあったのです。

また、当日の担当職員、つまり相勤者が後輩の日（第3の事件）や、違う緊急対応で一緒だった人（第2の事件）がいるときに転落させたということもあります。

いまは転落させてしまったことについて、ただただ申し訳なく思っています。この刑を受けたいと思っています。そして、これまで私が嘘をつき続けてしまったことについて、本当に申し訳なく思っています。
これからも、できるだけ活動はしていきたいと思っていますので、何とぞ、どうかよろしくお願いします。以上
令和５年（２０２３年）５月20日（土）東京拘置所（内）今井隼人〉

今井は一連の事件について、手記でこうハッキリと記した。

〈実は私がやったことで間違いないのです。〉

犯行動機についても、〈介護ストレス〉〈心肺蘇生法の技術を見せつけて賞賛されたかった〉と言葉を曖昧にすることはなかった。
手記を目にした瞬間、思わず「エッ」と漏らしてしまった。まさかという驚きとこみあげるよろこびが交錯したかのような声だ。そして、バクバクする心臓を押さえながら何度も読み返し、

その言葉を反芻する——。
今井の欺瞞を疑い続けていた私にとっては、これまで立ちはだかっていた厚い壁を切り崩した瞬間だった。

2度目の自白——それでも再審を求め続ける

〈「嘘はやめよう」との思いが固まり上告を取り下げることにしました。〉

逮捕前後の取り調べでの自供を翻した後、一貫して殺害を否認していた今井が上告取り下げの理由を明かした手記を私は、5月31日に『ｎｏｔｅ』で公開した。すると、東京新聞と朝日新聞の記者からコンタクトがあった。

後日、手記の内容や私のインタビューが各紙で掲載され、今井が一、二審で否認を続けた理由が広く知られることになった。

〈冤罪の主張で突き通せるのではないかと弱い自分が出た〉と今井は振り返り、〈転落させてしまったことについて、申し訳なく思う。この刑を受け入れたい〉と記した。最後に本人の口から〝真相〟が語られたが、被害者やご者遺族たちの心境を思うと胸が痛む。被害者やご遺族への謝罪や償いの言葉がほとんど見られなかったことはもちろん、直後に上告取り下げは身体を拘束されたことで発症した統合失調症の影響を受けており無効と主張し、審理の継続を求めていることがわかったからだ。

その後、私は、今井に宛てた手紙を投函した。手記の内容を翻す意図で再審をするのかということ、だから被害者やご遺族への謝罪や償いの言葉がほとんどなかったのかということ、などを書き連ねてみたが、返信はなかった。死刑が確定すると、親族や弁護人以外との面会や文通は原則禁止となる。

果たしてこれで、本当の意味で事件と向き合い切ったと言えるのか。高齢者3人を転落死させ、言葉と手紙で2度も自白し、そして舌の根も乾かぬうちに覆した。

そんな心の闇は明らかになることはなく、最高裁第一小法廷（岡正晶裁判長）は、上告の取り下げは有効として、審理の継続を求めた今井の申し立てを退け、2023年12月20日、裁判の終了を宣言した。

それでも再審を求め続けている今井。事件とは向き合えたが、いまだに弱い自分とは向き合えてない。

静岡2女性殺害事件

ママと愛人を殺した「良きパパ」
長女が明かす14年目の真実

誰も知らないもう一つの顔

被害者遺族から見た男の素顔は、意外なものだった。

「母が結婚、離婚を繰り返したなかで、桑田は、父親らしいことをしてくれた唯一の人でした。私のなかでは『良きパパ』だったんです。だからこそ、なんで殺しちゃったんだろう、という思いがあるんです」

2024年6月、当時のことを振り返り結海さん（仮名、20代前半）が事件以来、初めて語った。いまから14年前に起きた、女性2人を殺めた殺人事件で、桑田一也死刑囚（59歳）により殺められた被害者の一人、久松紘子さん（当時25歳）の長女だ。

「私が小学校1年生の頃のことです。授業が終わると、よくパパが車で学校まで迎えに来てくれていました。家に着くまでのなかで、友達のことや給食のメニューのことを話したり、帰ってからも宿題を見てもらったり。そこだけ考えると、別に殺しをしてなければいい人だったし、っていう」

なぜ母親殺しの憎き犯人を「良きパパ」と呼ぶのか。

そう、血こそつながっていないが、母が亡くなるまで桑田も静岡・沼津市清水町の自宅アパートで一緒に暮らす家族だったからである。連れ子であっても実の娘のように優しく接してくれていたからである。こうして結海さんのなかでの桑田は「良きパパ」としてだけ強く記憶に残っていた。

桑田は紘子さんと出会う前、別の女性Ａと結婚し、子供もいた。

理解できないのは、桑田は紘子さん家族との生活を送りながら、離婚したはずの元妻Ａやその子供とも何食わぬ顔で暮らしていたことだ。正式には離婚しておらず、離婚届を改ざんし、勝手に提出して紘子さんと再婚していた。

桑田は何のために、そうまでして2人の女性と同時に結婚生活を送ったのか、それはある事件をきっかけにして徐々に捲れていく。

明るみになる残忍性

発端は2010年4月、桑田が詐欺容疑で逮捕、起訴されたことにさかのぼる。そのとき小さ

殺人・死体遺棄容疑で逮捕後、桑田一也の凶行を本人写真と共に報じる週刊誌記事。（FRIDAY 2010年9月3日号より）

都内某所で取材に応じる長女・結海さん

なリフォーム会社を経営し、事業に行き詰まり生活に困った桑田は、知人女性に対して約90万円の詐欺を働いた。逮捕時に写真週刊誌に載った桑田の本人写真は、パンチパーマに色付きのメガネをかけいかにも強面風だったが、犯した罪からすれば単なる小悪党だと当初は見られていた。だが、後に、過去に女性2人を殺めていたという、隠れたもう一つの顔が明るみになる。

一人目の被害者は、2005年当時に桑田と不倫関係にあった日比野かおりさん（当時22歳）だった。

桑田は、妻子ある身でありながら、2005年7月から日比野さんと沼津市内の自宅で同棲生活を始めた。が、住宅ローンの返済や生活費に困り日比野さんの郵便貯金口座から合計990万円を無断で引き出した。後に桑田の仕業だと発覚し、日比野さんは桑田を責めたが、返済を確約したことから被害届を提出することはしなかった。

同年10月26日夕方、事件当日。桑田と日比野さんは、カネの返済を巡り口論となった。現場は自宅寝室で、日比野さんはベッドに腰掛け、桑田は立っている状況だった。

日比野さんが「いつお金が用意できるかはっきりして」と詰め寄った。桑田が「それはできない」と拒むと、日比野さんは痺れを切らして「警察に事情を話して、訴える」と言って立ち上がり、寝室から出ようとした。

桑田は日比野さんを落ち着かせようと両肩を押さえ、座らせるようにしながら「警察は勘弁してくれ」と懇願した。日比野さんは「ふざけるな」と大声で怒鳴り、桑田の頬を平手で2度叩いた。すると桑田も頬を平手で叩くなどやり返した。

それでも部屋を出ようとする日比野さんを、桑田は両腕を掴んでベッドに引き戻した。ベッドに仰向けに倒れ、後頭部をベッド傍の壁に打ち付けた日比野さんが「これは障害だし、お金をとって返さないのは泥棒だ」と騒ぎ始めたため、桑田は日比野さんの口を塞ごうとして右手を伸ばした。だが日比野さんは腹部を蹴るなどして抵抗した。

桑田は日比野さんの腹部に馬乗りになり、ついに頸部を両手で強く圧迫し窒息死させた。そして日比野さんの遺体を自動車のトランク内に隠した。その後、遺体をドラム缶内に移し替えて、当時借りていたアパートから徒歩で5分もかからない資材置き場に放置した。

日比野さんの遺体は死ろう化した状態で発見された。発端は、紘子さん殺害の報道を見た日比野さんの母親が、テレビ報道で桑田の顔を見て「娘が交際していた男だ」と警察に連絡したことだった。殺害から5年近くも発覚しなかったのは、桑田が日比野さん名義の携帯で、日比野さんの母親にメールを返信するなどの隠蔽工作をしていたからだった。

桑田は、偽造の疑いがある委任状を使って日比野さんの銀行口座から2千万円もの大金を引き出していた。それらは生活費、出会い系サイトの使用料、遊ぶ金などに使っていたことも分かっている。

二人目の被害者は紘子さんだった。

日比野さん殺害後も妻を顧みない生活を続けていた桑田は、2009年1月頃から紘子さんと同棲を始めた。いわゆるダブル不倫だった。

その後、夫と離婚した紘子さんが桑田との結婚を望むようになったため、二人の間でケンカが生じた。同棲自体は継続したいと考えていた桑田は、妻に内緒で離婚届を提出した上、結婚式まで挙げた。だが、甲斐性のない桑田にあって、結婚後もその生活苦からケンカが絶えなかった。

桑田は、紘子さんから元妻にカネを出させるなどと言われたことから嫌気がさし、ついに別れ話を切り出した。対して憤慨した紘子さんは、元妻Aのところに行くなどと息巻いた。

それを阻止すべく犯行を決意した桑田は、詐欺容疑で逮捕される同じ年の2月、紘子さんの首を絞めて殺害した。遺体は、元妻Ａと住んでいた静岡・御殿場市内の空き家まで車で運搬した上、物置内にブルーシートに包んで隠していた。

ブルーシートに梱包したり、ドラム缶に詰めたとはいえ、桑田は、元妻Ａと子供たちが暮らしていたであろう敷地内や近所に死体を遺棄し、のうのうと生活を送っていたようなのである。死体は、多くの事件では土地勘のない山中などに遺棄されるところ、行き当たりばったりを剥き出しにしたような犯行だった。ちなみに桑田の蛮行は、2010年5月に紘子さん殺害、2010年8月に日比野かおりさん殺害と、順次発覚している。

桑田が殺人・死体遺棄容疑で逮捕されるまでの道のりを整理すると、こうだ。

・2000年12月、静岡・御殿場市内に自宅を購入。元妻Ａと子供3人で暮らし始める

2002年、日比野かおりさんと出会い、交際。静岡・沼津市内のアパートで暮らし始める

・2005年10月、日比野かおりさんを殺害

・2009年6月、元妻Ａと書類を改ざんして離婚

・2009年10月、紘子さんと再婚

・2010年2月、紘子さんを殺害
・2010年3月、紘子さんとの離婚届を提出。御殿場市内の自宅一軒家が競売にかけられる
・2010年4月、知人女性への詐欺容疑で逮捕
・2010年5月、リフォーム業者が、競売にかけられていた御殿場市内の住宅敷地内で、紘子さんの遺体を発見
・2010年8月、日比野かおりさん殺害が発覚

いずれも標的は女性。しかも日比野かおりさんのケースでは、殺害した上、後妻業事件の逆バージョンのようにしてカネまで手に入れた、となれば、紘子さんともカネ目的で結婚し、果ては殺害までしたことになるのか——。

あっ、パパだ

結海さんは私のインタビューに、こうして初めて取材を受けたのは、パパが死刑になった——

パパがママを殺した事件のことをずっと調べていたからであり、調べていたのは、いつどのタイミングで死刑が執行されようが構わないが、その死刑執行が「私のなかで事件が終わることだから」と語っている。

結海さんは、2023年4月に私たちがYouTube『日影のこえ』で公開したこの事件の取材動画を見てコンタクトしてきた。事実を改めて取材してほしい、そんな思いが原動力になった。

紘子さんの遺体が発見された2010年5月のことだ。桑田の殺人・死体遺棄容疑での逮捕を結海さんは、時を同じくしてふいにテレビから流れてきたローカルニュースを見て知った。このとき結海さんは祖父母宅にいた。桑田は紘子さんについて、自らが3ヶ月前に殺害したにもかかわらず、「行方不明になった」と周囲に嘯き、結海さんと妹を祖父母宅に預け、当の本人は殺害後に娘たちの前から姿を消していたのだ。

結海さんが当時をこう振り返る。

「お婆ちゃん、お爺ちゃんと居間で団欒しているときに、『あっ、パパだ』って」

テレビに映し出されたのは、顔を隠すようにしてパーカーのフードを被り警察官の後に続く〝パパ〟だった。

「で、みんなで顔を見合わせ『どういうこと?』みたいになって、叔父さんも叔母さんもドタバタして。でも、これは捕まる人の様子だとわかった。まだ妹は2歳だったけど、私は当時、もう小学校1年生でしたから」

それは紘子さんを殺めた桑田の本性が表沙汰になるニュースで、しかも親族のなかで結海さんが最初に見つけたのだった。まさか桑田により絞殺され遺棄されていたとは誰も思っていなかった。行方不明だと思われていた紘子さんは遺体で見つかるという残念な結末で終わる。

パパの逮捕は理解したとしつつも、結海さんはそのときまだ、「ママが死んだことも、ママの死とパパの逮捕が結び付くことも、完全には理解していなかった」と言う。結海さんが続ける。

「直後の通夜のときのことです。誰かが『子供に顔を見せてあげなよ』と言いました。でも別の誰かが『アレは見せれるものじゃない』と言ったことで、私はママの死顔を見ていないんです。生きているのか、死んでいるのか。死んだっぽいけど、本当に死んでいるのかな、みたいな。私的には見ておきたかったな、と。だいぶショッキングな死顔だったらしいけど、それでも、あのときに見ておけば、もうちょっと早くママの死を理解できたかな、と」

その後、捜査や裁判が進むにつれ、マスコミが桑田による紘子さん殺害を白日の下に晒し、日比野さんまで殺めたていたことも明らかになり、やがて、それを結海さんも理解していく。

初めて語られる犯行日前夜

「あのとき昼寝してててよかったね。もし起きていたらアンタも殺されていたよ」

結海さんは、あるとき祖母からそう言われたと振り返る。それはなぜか。あのときとはいつのことか。それを知るのは遺族のなかでも「私ひとりだけ」と前置きして結海さんが話してくれた。結海さんの証言などから、改めて犯行日前夜を詳しくたどる。

一家はまず、その少し前に御殿場市内の自宅一軒家から、犯行現場となった静岡・東部の清水町のアパートに移り住んでいた。アパートはメゾネットタイプで、１階は居間、２階は子供部屋と夫婦の寝室だった。

いつものように居間で髪を結んでくれていたとき、家のこと頼んだよ、と紘子さんに言われたのは、紘子さんが行方不明になる朝だった。その言葉は、いつもは会話すらないなか「そんなこと初めて言われた」から、結海さんからすればどこか違和感があった。

「何かヘンな感じでした。いま思えば、殺される予感がして、ママは妹のこととかを『頼んだよ』と言ったのかも。なんか、お願いね、みたいな口調だったので」

結海さんは「ヘンなの」と思いながらも、2階の子供部屋で妹の寝顔を見たあと、いつものように徒歩で小学校へ登校した。そして15時過ぎ、夕方前には帰宅すると、家には誰もいなかった。

結海さんが言う。

「その日は水泳もダンスも、何も習い事がない日だったので、家に帰ってすぐに1階の居間で昼寝しちゃっていたんです」

桑田は、結海さんが帰宅するまでの間に、2階で紘子さんから生活苦を責められ、ついには首に手をかけて絞殺したことになる。だから結海さんはその現場を見たわけでも、気づいていたのにやり過ごしたわけでもない。中学生のときも大人になってからも、母の実家に戻ると、ことあるごとに「あのとき昼寝しててよかったね」と祖母が口にしたのは、もし何かの拍子で起きてしまっていたら桑田の魔の手が結海さんにも及んでいたと思っているからだろう。

陽が落ちてから起きた結海さんは居間の灯りをつけた。正確な時間はわからないと言う。それでも、目が覚めてから少しすると、誰もいなかった家に、保育園帰りの妹と桑田の姿があった。桑田の姿を見たのはそのときだけで、夜から翌朝まで、結海さんは妹と二人きりだった。覚えているのは台所にあった菓子パンを食べ、2階の子供部屋のベッドで寝たことだけで、どう過ごしたかは覚えていない。

ここに、もう一つの記憶が加わる。結海さんは「もしかするとパパはいたかもしれない。でも、ちょっと曖昧なんです」と言う。

仮に桑田がそのまま自宅にいたとすると、桑田にとってはまずい状況、すなわち「殺害した紘子さんの遺体」を早く隠さねばと考えたはずであり、結海さんが帰宅するまで自宅に紘子さんの遺体があったとすれば、桑田はこの間に人知れず紘子さんの遺体を持ち出し御殿場市内の空き家の物置に遺棄したことになる。

空白の時間——母に「家のこと頼んだよ」と言われてから24時間が過ぎた。

翌朝起きたら、今度ははっきりと桑田がいなかった。

結海さんは寝ていた妹をひとり残し、いつものように登校した。詳しくは後述するが、結海さんがとりわけ疑問を持たなかったのは、このころ両親は家を開けることが少なくなかったからだ。そして給食を食べ終えたころに、トレードマークの色付きサングラスをかけ何食わぬ顔で駆けつけてきたのが、作業着姿の桑田だった。

作業着姿の桑田は、側から見れば仕事場から急行したかに見える一方、

「ちょっと焦っている感じではありましたけど、いつものパパでした」

と結海さんは話した。このとき桑田は、なんど思い返してみても切羽詰まった感じではなかったという。

本当は行方不明になどなっていないのだから、理解できなくもない。桑田に紘子さんを絞殺してしまった良心の呵責があったとすれば、その良心の呵責と、表向きは紘子さんが行方不明になったことによる〝焦り〟を装わなければならないという思いとが交錯して、どっちつかずの態度になってしまったのだろう。

桑田は、開口一番に「お母さんがいなくなった。探しに行こう」と言って、結海さんの手を引き車に乗せた。そうして巧みに紘子さんが行方不明になったことにした桑田は、結局、結海さん

と妹を祖父母宅に預けるなどして最後までダマし通し、自分は姿を消してそのまま紘子さんと離婚してしまった。

直後に御殿場の自宅は競売にかけられた。この背景も説明しておきたい。

繰り返すが桑田は紘子さんと再婚する前、日比野さん殺害後に2千万円もの大金を手にしていた。元妻Aとの暮らしや紘子さんとの二重生活のため、このカネも生活費に充てられていた。

しかし、紘子さんを殺害すると、とたんに件の詐欺を働いた。

なぜ桑田はカネに困るようになったのか。

結海さんによれば、分かっているのは、紘子さんが、ずっとではないにしろ夜の店で働いていたことだという。紘子さんが桑田と結婚する前の記憶は、託児所や送迎の車の後部座席と、「夜、家に妹と二人だけになるとか。そういうので、たぶん」と結海さんが言うように、デリバリーヘルスで働いていたはずなので、生活費や住宅ローン返済の元資は、紘子さんが身を粉にして働き得たものも含まれていたことになるのか。

この頃、紘子さんは、桑田とは別の男性と付き合っては別れるを繰り返していた。そんななかで紘子さんは、父親は違うが妹を出産していた。結海さんは「幼い妹に寂しい思いをさせないように」と、結海さんもまた未就学児だったが、母親代わりになって面倒を見ていたという。

この状況からすれば、多額の住宅ローンは、これまで紘子さんが返済し、それができなくなったことで行き詰まり、ついには競売にかけられたことになる。

そもそも桑田は、カネにもオンナにもだらしない男だったという。

桑田は自ら会社を興す前、御殿場市内の住宅リフォーム会社でサラリーマンをしていた。そんななかで、就労中にパチンコをしたり、女子社員に手を出していた。高級車を何台も乗り換えるなど身分不相応な暮らしだった。会社から借りたカネを踏み倒した過去もあるという。それを最後に、自ら会社を興したが、それもうまくはいかなかったようだ。だから、桑田は――。

ここに、紘子さんや日比野かおりさんに近づいた理由がより見えてきた。

ちなみに、紘子さんは、過去に桑田とは違う男性と結婚をして、弟も出産していた。何度目の結婚かはわからないが、結局、離婚を期に父親が引き取っていったという。以来、その父親とは連絡をとっていない。そのため、弟との付き合いもなく、どこでどうしているかもわからないという。

紘子さんの生活ぶりはふしだらそのものだった。親がふしだらでは子供の教育はむずかしいといわれるように、男に溺れ、いつしか結海さんを虐待するようになっていた。しかも紘子さんは、決まって酷い言葉を添えるのだった。結海さんに手を上げるなかで「産まなきゃよかった」と何度も言ったのである。

それでも結海さんは「嫌いになったわけでも、恨んだわけでもない」と言う。ただ、自分が生まれた環境が、普通ではないとだけ幼心に思っていた。

そんなとき、小学校に入学するころ、結海さんの前に何人目かの父親として現れたのが桑田だった。桑田は、他の父親とは違ったという。

「私の知ってる父親像は、ずっと家でパソコンゲームをやっているだけ。でもパパ（桑田）とは、休みの日に家族で出かけることがよくありました。ママと結婚式もして、そのときもちゃんと娘として扱ってくれた。養子縁組をしてくれたんですよ、あの人は。母からの、殴られるなどの虐待も、『子供に八つ当たりするのは違うでしょ』と言って止めてくれたのもパパでした」

結海さんは「だから自然にパパと呼べるようになった」と言って、表情を和らげた。

「サンタクロースは本当にいるんだと思ったのもそのときでした」と結海さんが続ける。

「クリスマスには、私と妹へのプレゼントが枕元にありました。私にはシルバニアファミリーの大きな家のセット、妹には大きなブロックのオモチャでした。それらすべて含めてパパは、私にとって父親らしいことをしてくれた唯一の人でした」

紘子さんが行方不明——そして結海さんは祖父母の家に預けられた。その時期は桑田が、行方不明のままの紘子さんとの離婚届を、おそらくまた改ざんして勝手に提出した2010年3月と重なるだろうと思った私は、「自宅が競売にかけられた直後のことですか」と確認した。しかし結海さんは首をひねるばかりだ。

続ける予定の質問はこうだった。いま振り返り、日比野かおりさんとの交際がカネのためだったとするならば、桑田は紘子さんにもカネ目的で近づいたのではないか。そう考えるのが自然だが、結海さんはどう思うのか。

「祖父母の家に預けられたのはたぶん、離婚届を出した日だったと思います」

結海さんは、おそらく多額の住宅ローン返済による口論が事件の契機だったことも、その後に自宅が競売にかけられたことも知らない。そう思って口を開きかけると、結海さんはこちらの意図を察したように声のトーンを上げて言葉を重ねてきた。

「清水町のアパートに引っ越してからのパパとママは、途端にケンカばかりになりました。2階の子供部屋にいると、言い争いが隣の寝室から絶えず聞こえてくる環境でした。まだ子供だったので原因はわかりません。でも、その頃からパパの稼ぎが悪くなったのかな、っていう印象があります」

ガラリと生活状況が変わったというのだ。

「引っ越す前は、居間に集まって、家族みんなでご飯を食べて、という感じだったけど、それがなくなった。パパやママがいなくて、菓子パンを食べて過ごす日があったり。そうして生活が質素になったし、ほんと、家族がバラバラで生活している感じでした」

清水町のアパートに移り住んでから桑田が急にカネに困るようになったのは、事実のようだ。

「桑田が元妻家族との二重生活を送っていたことは知っていましたか?」

「元妻のことはまったく知りません。家でもその話になることがなかったので、家族にはバレないようにしていたんだと思います」

結海さんにはいろいろ隠されていたとしても、リフォーム会社経営は火の車で、元妻Aの家族も養うため詐欺までしてなんとかやりくりしていたが、やはりカネの面で紘子さんと口論になり、ついには紘子さんを殺めてしまったとみていい。

結海さんと妹が祖父母宅に預けられたのは、紘子さん殺害を、桑田が行方不明になったと説明したためだった。

「桑田とも紘子さんとも、また会えると思っていた？」

「私はその感覚でした」

しかし、桑田は、「仕事関係の人とやらなきゃいけないことがある」とだけ言い残して結海さんの前から姿を消した。そしてこの日が、桑田との最後の別れになった。

1ヶ月後、桑田は件の知人女性への詐欺容疑で逮捕される。それを知らずに結海さんは、さらに1ヶ月後、件のパーカーのフードを被り警察官の後に続く、桑田の殺人・死体遺棄容疑での逮捕報道をテレビで見たのだという。

そして、捜査は進み紘子さん殺害の次に明らかになったのが、日比野さん殺害だった。

桑田は、まるで自転車操業のようにしてカネ目当てで交際、結婚、殺害を繰り返したが、子供たちの前では〝良きパパ〟であり続けた。さらに有名ではないこの事件についての詳細を伝えるメディアはほとんどなく、スマホで検索しても背景に触れられた記事はヒットしない。事件の記憶は、誰もが桑田が2人の女性を殺したという事実だけなのだ。だからこそ結海さんは、「なんで殺しちゃったんだろう」という思いがいまも拭えないのである。

遺族の人生は事件後も続く

被害者遺族であり、加害者遺族でもある胸中とは――。

事件の詳細や桑田の素顔もさることながら、私にとってこのことが、もう一つの取材テーマだった。

「もちろん、私のなかには、その2つがあります」

結海さんは、こう強い口調で言った後、事件後に紘子さんの死後に形見ともいうべき母の日記を目にしたときのことを話してくれた。

「施設にいるときのことです。実家のタンスのなかに、母の日記があるのを見つけました。それを読んで衝撃を受けたんです。書いてある言葉が、私に向けられた言葉が強かったから」

写真はもちろん、形見と呼べるものはなにもないなか、唯一、生前の紘子さんの苦悩を知ることができるものだった。結海さんは少し逡巡した後、できれば言いたくないけれど、といった表情で続ける。

「捕まったか何かで、留置所で書いたっぽいんです。内容は、私を17歳で妊娠して、18歳で生むまでの間のことでした。おろせる期間に、お金を握りしめて何度も産婦人科に行った。けれど、結局、決心がつかなかった、ということが書いてあった。その後に『産まなきゃよかったと思うときがある』って」

何度も口にされた言葉だったが、こうして改めて文字にされると、モヤモヤが膨らんでしまうばかりだ。結海さんからすれば、自分が全否定されているような気持ちである。

だからといって、事件後も遺族の人生は続く。

結海さんの人生の、全てを知っているような気分でいたが、被害者遺族と加害者遺族、この2つが同居した感情を知るためには、当然のことながら、いまに至る半生も聞く必要があるだろう。そう思って口を開きかけると、結海さんはこちらの意図を察したように事件後の人生を話してくれた。

まず加害者遺族へ向けられる冷めた目から逃れるにはどうすれば——結海さんが考えついたのは、桑田と離縁することだった。

それと同時に結海さんと妹は、義理の兄と姉がいる叔父母の家に身を寄せることになった。経済的理由により、祖母が叔母に相談。すると快く迎え入れてくれたのである。

だが、そこが安住の地とはならなかった。

「叔母の家に身を寄せてから、2週間くらいは何もありませんでした。でも、一緒に引き取られた妹がまだ3歳なんで、やっぱり叔母や叔父の気がそっちに向いちゃったんです。それはしょうがないことだと割り切れたんですけれど、私が小3くらいから殴る、蹴るの、叔父からの虐待が始まったんですね。学校の宿題で解らない箇所があって、叔父を頼っても、『そんなの自分で解け』ってそっけなくされたり。なぜ標的にされたのかはわかりません。叔父からの虐待は、いちばん最初は従兄弟のお兄ちゃんで、次は従兄弟のお姉ちゃんで、最後は私と連鎖していました」

結海さんは、それでも育ててくれた感謝があると語る。けれど、そうであってもつらい日々だったと言う。結海さんは我慢の限界にきていた。何が理由かは知らないけれど、怒りの捌け口にされるというのは、あまりにも理不尽だと思うようになってしまうのだ。

結海さんは、叔父母の家から出ることを「自ら決意した」と明かす。その間に自暴自棄になり、悪さをして補導された過去がある。そのとき児童相談所の職員が介入した。これをきっかけに虐待は止んだ。

だが、それも少しの間だけだった。やがて虐待再開を機に考えは変化する。「このままずっと我慢し続けるしかないの？　って。標的が妹になるまで待つのも違いますよね。もう逃げるしかない」と思った。そんな状況だからこそ、他に選択肢はなかったのだろう。

しばらくして結海さんは、児童相談所に駆け込み、一時保護を経て児童養護施設に移送された。そこには、虐待のない環境があり、被害者・加害者遺族であることを隠し、施設職員以外に「桑田の娘であることを誰も知らない」という状況を作り出すことに成功した。みな同じような境遇だと思っているからなのか、さめた目で見られることはなかった。

そこで振り返って思うのは、叔母たち家族も犯罪被害者・加害者遺族で、その葛藤が虐待として降ってきたのは当たり前の感があることである。

まだ小学生だった結海さんには、そのことがすっぽりと抜け落ちていた。叔母たちからすれば、自分たちもさめた目で見られる対象であり、さらにやっかい者が増えたのであり、事件の因果を纏い生きるのに必死でいたということだ。

大人になってわかった母の愛情

結海さんは、中学生時代を施設で過ごしている。母の日記について、一時外泊した結海さんは、先に記したように祖父母の家で目の当たりにした。

「思春期、がっつり思春期でした。多感どころか死にたいとすら思っていました」

もう一度、整理しておこう。結海さんの理性が音を立ててくずれたのは、親族から見放され、亡き母からも否定された気持ちになったからだ。

施設は中学までしかいられなかった。そのため、卒業後は静岡県内の飲食店に就職した。決め手は寮があることだ。ここなら叔母らを頼らず生活できる。

しかし、見込みと違い、ここも安住の地とはならなかった。雇い主は薄給と時間外労働をさせるのみならず、男女構わず暴力を振るったのである。それでも歯を食いしばり苦難に耐え続けたが、身寄りのない結海さんは常に足元を見られており、ついに寮から飛び出したという。

その後、結海さんはインターネット上で知り合った都内の女性を頼った。結海さんの生い立ちを知った上で親身になって相談に乗ってくれる人だった。結海さんは言う。

「家がないと言うと、彼氏と同棲していたのに、ちょっとの間だったらいていいよと言ってくれて。場所は横浜です。誰にも知らせず静岡から出ました」

以来、その女性は居酒屋のキャッチのアルバイトを紹介してくれたりなど、何かにつけ、結海さんを支援してくれたという。

誰も自分の過去を知らない土地は居心地が良かった。だが、いつまでも甘えるわけにはいかないとも思うようになったという。

そこで知り合ったのが、バイト仲間で、高知から来て一人暮らしをしていた専門学校生の男だった。すぐに男女の仲になり、世話になってばかりの女性に負い目を感じていた結海さんは、実家に戻るという彼氏を追って高知へ行った。

が、その生活も短く終わってしまう。彼氏の両親も、息子の恋人だからと快く受け入れてくれたが、その反面、まだ10代半ばの未成年の結海さん。ほどなくしてその彼氏と別れ話になると、とたんに邪魔者扱いされてしまい、家から追い出されて警察に保護される流れで強制的に静岡の叔父母宅に戻されてしまったのだ。

数年ぶりに叔父母宅に戻ったが、やはり居心地のいい場所ではなかった。すぐにまた虐待が始まったのである。

数週間後、やはりここで生きていくことなど考えられないと思っていた結海さんに、逃げ出すチャンスが訪れた。結海さんは叔母と叔父が買い物に出かけて家を空けたときに、見かねた従兄弟の兄に「いましかない」と言われ、荷物をまとめて飛び出したと語った。

「それが、従兄弟のお兄ちゃんとの最後です」

そうしみじみと話したなかには、あのとき助けてくれた感謝がある。その感謝を忘れていない結海さんは「俺は昼寝してたって嘘をつくから」とまで言ってくれた従兄弟へ迷惑をかけないために、以来、親族の誰とも連絡をとっていない。

結海さんは「もう静岡には戻らない」と覚悟を決めて東京に出た。補導と背中合わせのなか、わずかな貯金を切り崩してのネットカフェで暮らした。そうして保証人なしでも家が借りられる歳までやり過ごした。

18歳になった。仕事を見つけた結海さんは、晴れて自立を手に入れた。

結海さんは自分の人生を振り返り、この頃から日記に記されていた「産まなきゃよかった」という紘子さんの言葉とようやく向き合えるようになったと言う。長きを経て、なお残るその言葉は、何かを言わんとして、まっすぐに結海さんの胸を打つ。結海さんが続ける。

「母の気持ちをちゃんと考えてみようと思ったのは、私が18になってからです」

紘子さんは結海さんを18歳で産んだ。だから、18歳になった結海さんは、自分と当時の紘子さんを重ねたのだ。

そして、思う。18歳にして母親になることがいかに重いものかを。

「いま子供ができたとしたら、自分には育てられないかな、って。だから、母は母なりに葛藤しながらの子育てだったんだな、って。中学ぐらいまでは、じゃあ産まなきゃよかったのに、と思っていました。でもいまになれば、おろすのも怖かったんだろうな、って」

紘子さんは、桑田に殺されてさえいなければ今年40の歳だ。

「生きていれば、一緒に買い物したりしてたのかな」

そんなことを考えるなか、最近、ふと思い出したことがあった。遺産だ。

16歳、住み込みで飲食店に就職したとき、指定の銀行で口座をつくろうとしたら自分名義の口座が既にあり、そこに大金が入っていたのだ。

わけがわからなかったが、貯金をしてくれていたのは紘子さん以外には考えられなかった。結海さんはそのとき「もう凍結されてるから引き出すことはできません、と言われたけれど」と続ける。

「何のお金だったんだろうと思うけど、母が私のために貯めておいてくれたのかな、って。だから母は、虐待するとか子供に対しては不器用だったけど、根は優しい人だったんだろうな、って。不器用ながらも、ちゃんと私を育てようとしてくれていたんだろうな、って」

結海さんは去年、親族の誰にも会わない日を狙いはじめて墓参りに行き、そっと紘子さんの墓前で手を合わせた――。

大人になり、親のありがたみがわかる。よく言われるように、確かに年月は親の愛情を再確認させる効果があるらしい。結海さんは、桑田に殺されるまで育ててくれたのも事実で、また将来のことも考えてくれていたのだと気づいた。

死刑は仕方がないと思っているし、また会いたいとも思っていません

司法は、一、二審ともに死刑と判断。桑田は上告したが2014年12月2日、最高裁で上告が棄却され、死刑は確定した。

結海さんは、それから約10年の月日が経っても桑田の死刑が執行されていないなかで、「死刑執行が私のなかで事件が終わることだから」と語っていた。母の呪縛から解放されたいま、それを区切りとする加害者遺族でもある結海さんにとっては死刑執行に大きな意味がある。

「早くされてほしいんですか？」

「別に。そこはなんとも思ってないです」

「見届けたい、という思いがあるってことですか？」

「そうですね。別に、いつ、どのタイミングで執行されようがいいんですけど、その知らせだけは受け取りたいな、って」

苦しそうに結海さんは続けた。

「お爺ちゃんもお婆ちゃんも、早く執行されてほしいみたいなことを言ってたけど、私の気持ちは別にあります。母も妹も、誰も知らない私だけのパパの記憶。それが唯一、私だけの思い出なら、やっぱり大切にしたいんです」

結海さんは、いまだに心のなかで「凶悪犯」と「良きパパ」の綱引きがあると語り、その上で桑田に対してこう向ける。

「罪を犯したのだから、死刑は仕方がないと思っているし、また会いたいとも思っていません」

裁判が始まってからの桑田の様子が伝わることがほとんどないなか、桑田に拘置所で面会したメディアがあった。週刊実話（2021年10月9日臨時増刊号）、筆者は片岡健氏だ。2013年秋、桑田は、一、二審ともに死刑判決を受けて最高裁に上告中だった。

紘子さんとかおりさんを殺めたことへの謝罪がないなか、私が着目したのは、「死刑判決に不服はないです。ただ、（犯行は）やりたくて、やったわけではないことを判決に残してもらいたい、子供たちに伝えたいんです」との記述である。他には、桑田の面会時の様子などが記されていた。

結海さんはどう受け止めるのか。私は結海さんにこの記事のコピーを「感想を知りたい」と添えて送り、返信を待った。

結海さんが着目したのも、やはりこの記述だった。


〈読ませていただきました。

まず私は、これを目にして、やっと何も考えずに、と言ったら嘘になってしまうのですが、前ほどこの事件を気にせず生きていけるのだろうな、と確信しました。

やりたくてやったわけじゃないことを子供たちに伝えたい、という一文を、私は都合よく解釈して生きていこう。そう強く思っております。〉

死刑判決に「不服はないです」とした後に、桑田や紘子さんが聞いたらきっと熱いものがこみ上げてきそうな言葉を、大人になった結海さんは綴った。変わったのは桑田に対する思いではなく、自分自身の心情だ。

紘子さんはいいま、都内のガールズバーで働いている。

鳥取連続
不審死事件

上田美由紀が死刑確定直前に残した
手記と最後の肉声

松江刑務所での面会

アクリル板の向こう側に、静かに腰を下ろした身長１４６センチの小柄な女性は、少しの沈黙のあと、「私は、強い女ではないので」と前置きし、こう吐露した。

「無の状態というか、判決日が思ったより早かったので、パニックになりました。正直、自分の気持ちをどう表現したらいいのか分からないんです」

２００９年に発覚した「鳥取連続不審死事件」の被告・上田美由紀（当時43歳）は、島根・松江刑務所で私に、判決前の心境をそう明かした。２０１７年6月のことである。２件の強盗殺人罪などに問われていた上田美由紀は、このときまさに最高裁で争っていた。

事件の発端は、鳥取県警が２００９年の11月、上田美由紀と同棲中の元自動車セールスマンの男（当時49歳）を、軽自動車などをだまし取った詐欺容疑で逮捕したことにさかのぼる。さらなる疑惑が浮上したのは、その取り調べのなかでのことだった。複数の男性を相手に嘘をついて金銭を貢がせていたことにとどまらず、上田美由紀のまわりでは交際相手や知人男性が次々不審死を遂げていたのだ。

わかっているだけで6人が亡くなっていた。ぎょっとする数字である。２００４年、読売新聞の記者（当時42歳）が列車にひかれて死亡。２００７年、警備員（当時27代）が日本海で溺死。２００８年、鳥取県警の刑事（当時41歳）が首を吊り死亡。２００９年、上田美由紀と同じアパートの住人が急死。ただ、証拠不十分で、この４人はそれぞれ自殺や事故死、病死で処理されている――。

上田美由紀は残る2人の事件で裁かれていた。２００９年４月に鳥取県北栄町沿いの日本海で遺体が発見されたトラック運転手の矢部和実さん（当時47歳）と、同年10月に鳥取市内の摩尼川で遺体が発見された電気工事業の圓山秀樹（当時57歳）さんだ。2人とも水死だった。

この2つの連続不審死事件で、２人と接点があった上田美由紀は、いずれも睡眠導入剤を飲ませて水死させたとして強盗殺人容疑で再逮捕、起訴された。しかし詐欺容疑については罪を認め

上田美由紀（逮捕前）

たが、強盗殺人については否定。直接証拠がないなか、一貫して無罪を主張してきた。

２０１２年、一審の鳥取地裁は上田美由紀に死刑判決を言い渡した。上田美由紀はこれを不服として控訴したが、二審・広島高裁は訴えを棄却。上田美由紀は最高裁に上告の身だった。

そして２０１７年7月27日、最高裁は「第一審・控訴審の判決は正当」として上告を棄却し、死刑判決が下された。

私が面会を重ねたのは、その判決の約２ヶ月前からのことだった。


――事件のことを考えることは？

面会室。何度も同じ問いをしたが、いつも淡々とこう繰り返した。

「それは……、答えてはいけないと弁護士さんから言われていますので。それに私は、（事件のことが）よく分かっていないんです」

――では、日々何を考えているのか？

「いまは、一日をどう過ごしていこうか、と。判決までの一日が終わるのが凄く早いんですね。一日が、24時間よりもうちょっと長く欲しいなって思います。最終弁論から判決までもう少し長く時間が貰えると思っていたので。みなさんが2ヵ月のところ、私の場合は1ヵ月を切っていましたので。私の中で、1分が1秒に感じられるほど、時が過ぎるのが早いんです」

判決期日が早まったのは、なぜか。最高裁判決には、時の政権の意向が影響するといわれている。有名事件の犯人に対してスピーディに判決を下すことが、支持層へのアピールになると考えられている。つまり安倍政権の空気が反映されたことになる。

——そのなかで、いまは何をしたい、何を考えている？

「東京に新しい『父親（支援者）』がいるんです。その方をはじめとして、お手紙をくださる支援者の方々にお返事や絵をかかせてもらえることで、時間を忘れさせてもらっています」

——絵とは？

「動物が好きだったので、生き物や花のイラストですね。一人ひとりに返事を書くことで生きている実感が得られて、まだ自分を見失わないでいられています。だから、消費税が上がるのは困るんですよ。葉書きが値上がりしますから……」

林真須美との因縁

この上田美由紀に、首都圏連続不審死事件の木嶋佳苗死刑囚、和歌山毒物カレー事件の林真須美死刑囚を加えて、「平成の3大悪女」と報じられることもある。

「東の毒婦」と呼ばれた木嶋佳苗は、婚活サイトで知り合った男性3人を練炭自殺と見せかけて殺害した容疑で、上田美由紀の4日後に逮捕された。直接証拠はないものの、練炭や睡眠薬の入手履歴などの状況証拠があった。木嶋佳苗は裁判で一貫して無罪を主張したが、２０１７年5月、死刑が確定した。

地域の夏祭りで出されたカレーを食べた住民4人が死亡、63人が急性ヒ素中毒になった凶悪事件が起きたのは、１９９８年7月のことだ。近くに住む林真須美が殺人などの罪に問われ逮捕、起訴された。２００９年、死刑は確定。林真須美は一貫して無罪を主張していたが、カレー鍋に混入されたものと同じ特徴のヒ素が自宅などから見つかったこと、頭髪から高濃度のヒ素が検出されたこと、そのヒ素を林真須美のみがカレー鍋に混入できる状況にあったことが有罪認定の根拠とされた。

同年、和歌山地裁に再審請求を申し立てたが、棄却。林真須美はその後も再審請求申し立てをしている。

林真須美と家族の書簡集「死刑判決は『シルエット・ロマンス』を聴きながら」を読み、涙したという上田美由紀。この本を「私の宝物」とし、かつて月刊誌に「同じ母親として、被告として、頑張って欲しいと思います」と綴ったこともあった。林真須美は4人の母親。5人の子供がいる上田美由紀としては、そこに共感を覚えてのことだったようだ。

だが林真須美は、2017年5月、上田美由紀に対し計1千万円の損害賠償を求め東京地裁に提訴した。林真須美は上田美由紀とは面識がなく、関わりを持ちたくないにもかかわらず、上田美由紀と親しいかのような文章が林真須美の支援誌に掲載されたりなどして精神的苦痛を受けたというのを、その理由としていた。

――その林真須美が、あなたが自分と親しいかのような文章を書いて精神的苦痛を受けたと、1千万円の損害賠償を求めて提訴したことについて、どう思うのか?

「何も悪いことは書いてないです。私は林さんを攻撃するつもりはないし、いまも悪く思っていません。なぜ訴えられるのか、わからない。身に覚えがありません。ほおっておいてほしいです」

事実、過去の上田美由紀の発言内容には、林真須美を攻撃するような記述は見られなかった。

このとき、髪は腰のあたりまで伸び、薄いピンク色のTシャツ姿だった上田美由紀は、恰幅が良く「西の毒婦」と呼ばれた逮捕時の印象と違い、ずいぶんと痩せて小さく見えた。それについて聞くと、フフフと静かに笑って、「まるで落武者みたいでしょう」としおらしく、それでいて淡々と答えた。

――5人の子供たちとは連絡をとっていますか？

「家族に心配をかけたくないので……」

その淡々とした口調は変わらぬまま言及を避けた。

――判決については？

「考えないようにしています。弁護士さんを信じています」

悔しさや憤りを表に出すことはない。即答だった。

上田美由紀7000字手記

「弱い私、本当の自分を知って欲しい」

これまで私の問いへの受け答えに終始していた上田美由紀が、思いがけずそう言ったことがあった。

どんな「本当の自分」を知らせたいのだろうか。

私は手記という形式で書くことを依頼した。当初は「うーん」と口籠るなど、即答ではなかったが、上田美由紀は交流を続けるなかで、それを了承してくれた。

その手記が私の元に届いたのは、最高裁判決の直前のことだった。当時『週刊現代』の記者だった私は、その一部を2017年9月に誌面で発表していた。

ここにその全文を掲載したい。なお、読みやすくするため、意図が損なわれない程度に、必要に応じて手を加えている。

出自と家族のこと

〈私がこうして手記を書きたい理由の一つとして、あまりにも本当の私と違うことが、今までメディアや雑誌やその他の書籍で一方的に書かれていたからです。そして、私の思いや気持ちを書きたいと思いました。

私は昭和48年12月に鳥取県中部地方にて生まれ育ちました。私が小学校4年生頃まで育った村は、解放同盟（被差別部落）と言われている小さな村でした。

私は父母と兄の家族でしたが、父は建設業等で一生懸命に働いていて、私にはとても優しく甘い父でしたし、いつも父のヒザの上で、小さいときは食事をしていましたし、いつも父のヒザの上で何をするにもいた私でした。私は父がものすごく大好きで、父がたまに母が忙しいときに作ってくれる料理やおやつがすごく嬉しかったのを、いまも鮮明に覚えています。

父も母も私の保育園から中学校までの行事に必ず参加してくれていたのですが、私の通ってい

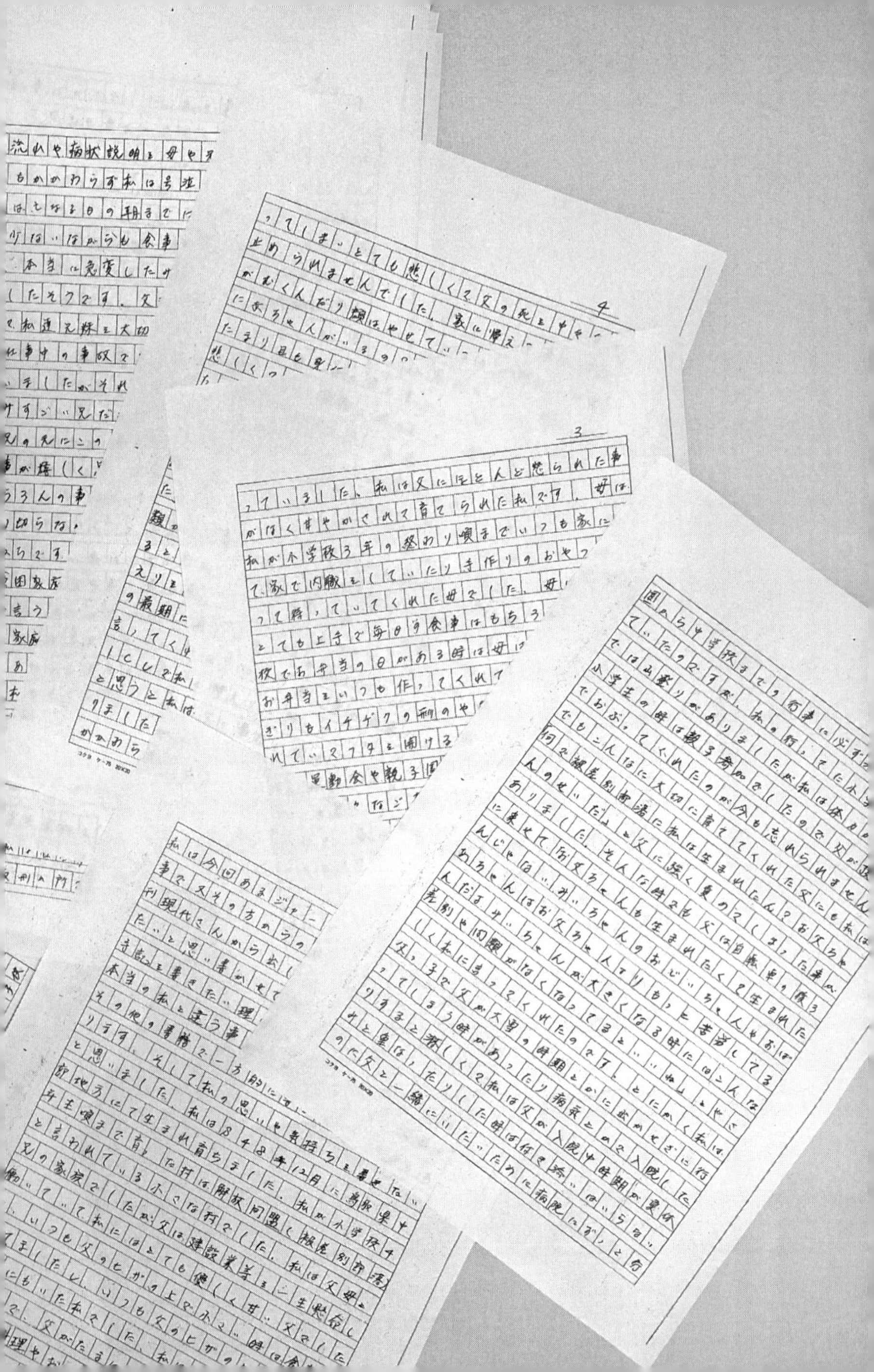

上田美由紀「最後」の手記。出自から最高裁判決にかける思いまでが原稿用紙17枚にびっしりと綴られていた

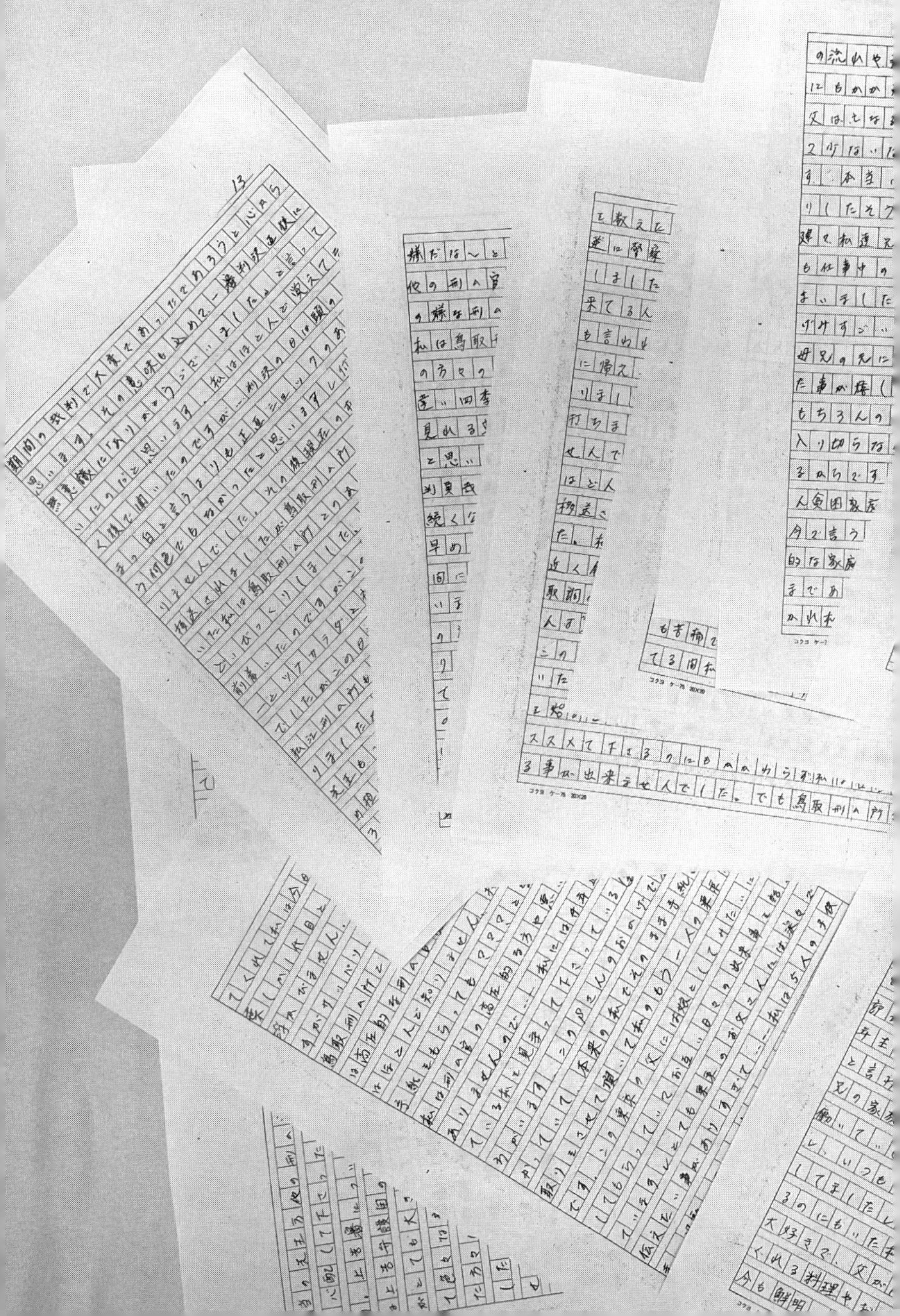

た小学校・中学校では山登りがあり、私は体力がなく、また、小学校のときは親子参加でしたので、父が頂上までおぶってくれたことがいまも忘れられません。

でも、こんなに大切に育ててくれた父にも、私は「何で被差別部落に私は生まれたん？　おとうちゃんのせいだ」と父を強く責めてしまったことがありました。そんなときでも父は、自転車の後ろに乗せて「お父ちゃんも生まれたくて生まれたんじゃない。みいちゃんのおじいちゃんやおばあちゃんは、お父ちゃんよりももっと苦労してるんだよ。みいちゃんが大きくなるときには、こんな差別や問題がなくなっているといいね」とやさしく私に言ってくれていたのです。

とにかく私は父っ子で、父が大雪の時期とかに出稼ぎに行ってしまうときがあったり、病気とかで入院したりすると淋しくて、私は父が入院中の時期が夏休みと重なったりしたときは、付き添いはいらないのに父と一緒にいたいために病院にずっと行っていました。

父にほとんど怒られたことがなく、甘やかされて育てられた私です。母は母で、私が小学校3年生の終わり頃まで、いつも家にいて、家で内職をしていたり、手作りのおやつを作って待っていてくれた母でした。

母は料理がとても上手で、毎日の食事はもちろんですが、学校でお弁当の日があるときは、母はとっておきのお弁当をいつも作ってくれていました。おにぎりもイチヂクの形のや熊さんとか作ってくれていて、フタを開けるとき、とても嬉しかったです。運動会や親子遠足のときも食べきれないくらいの色々なご馳走を作って持ってきてくれたり、家に帰ると手作りの蒸しパンやチーズビスケットや、笹巻きを作って待っていてくれ、服も手作りで作ってくれたりと、色々してくれた母です。

兄は、父が私に甘いぶん、少し厳しい面がありましたが、私にとって自慢の兄でした。少し歳が離れていることもあり、兄はもう一人の父みたいな感じだったと思います。

父は、55歳という若さで病気のため亡くなってしまい、とても悲しくて、父の死をなかなか受け止められませんでした。家に帰るたびに身体が浮腫んだり、顔は痩せているのに身体は「お腹に赤ちゃんがいるの?」と思えるくらい腹水がたまり、目も身体の色も変わっていく父の姿が悲しくて、父の最期のときは、私は大阪に住んでいたのですが、朝、母から「入院しているお父ちゃんの様子がおかしい」と電話があったのですが、まさか母が、また、大袈裟に私を帰らそうと冗談を言っているのだと思って、「わかった、わかった」と聞いていたのですが、その後、次々に兄や親類から電話があったので、慌てて鳥取に帰ると、父はもう意識がなく、ただ一人娘の私の帰りを待っていてくれたのを知りました。父の最期に会えたのですが、父の「みいちゃん」と言ってくれる声はもう聞くことができず、ただＩＣＵで私の帰りを待っていてくれたんだと思うと、私は、父の最後の頑張りに夜中ではありましたが、また、他の患者さんも多々いるのにもかかわらず大号泣してしまい、父の亡くなる当日の流れや病状説明を、母や兄はしてくれていたにもかかわらず、私は号泣しっぱなしでした。

父は、亡くなる日の朝までは普通に話もできていて、少ないながらも食事も食べられていたそうです。本当に急変したみたいで、母もびっくりしたそうです。父も母も一生懸命働き、家を建て、私たち兄妹を大切に育ててくれました。兄も仕事中の事故で大ケガをして障害を持ってしまいましたが、それでもくじけずリハビリに励み、すごい兄だといまも思います。私は今も父母兄の元にこの家族の一人として生まれて来たことを嬉しく思います。写真のアルバムにはもちろんのこと、私の心の中のアルバムに沢山の入り切らないくらいの思い出をつめてくれているからです。

私はメディアの方々から散々、貧困家庭育ちだと書かれまくりましたが、いまで言うセレブではありませんが、普通の一般的な家庭で育ててもらいましたし、父母兄のことまで、あたかも本当のようにメディアの方々に書かれ、私はとても悲しく思いました。

「何コレ?·」と思う記事ばかりでした。私のことだけならまだしも、父母兄のことまで真実と違うことを書かれ、私はとてもショックでしたし、何？　言ってんだろうと思いました。人権ってなんだろう、中立公平って何だろう……と思いました。いまも色々な方の報道を見たり聞くたびに、益々この思いが強くなる一方の私です。〉

出自が鳥取県中部地方であることはよく知られたことだったが、村育ちで、そこが被差別部落であることが自らの言葉で語られた。その上で、幼い頃の上田美由紀を、新聞や週刊誌は「貧困家庭」「悪ガキ」と書き立てたが、手記では「普通」と否定した。

そして、高校を中退した上田美由紀は結婚、離婚、再婚し、逮捕時は5人の子供たちを抱えるシングルマザーだった。

前述の通り、上田美由紀は２００９年11月、詐欺容疑で逮捕された。逮捕前は、鳥取市内で豊満な女性が揃うスナックでホステスをしていた。源氏名は「サトミ」。そこで知り合う孤独な男性に近づき、「一緒に暮らそう」などの殺し文句で男女の関係になった。上田美由紀は床上手で、男たちはみなトロけたという。詐欺容疑での逮捕は、寝技でトリコにした男たちから多額の金銭を引っ張ったことだった。

保険金詐欺で私服を肥やした林真須美は、大きな敷地に建つ立派な日本家屋で暮らしていた。

上田美由紀が暮らしたプレハブ長屋

室内はゴミ屋敷と化していた

別の部屋からも荒んだ生活実態が見て取れる

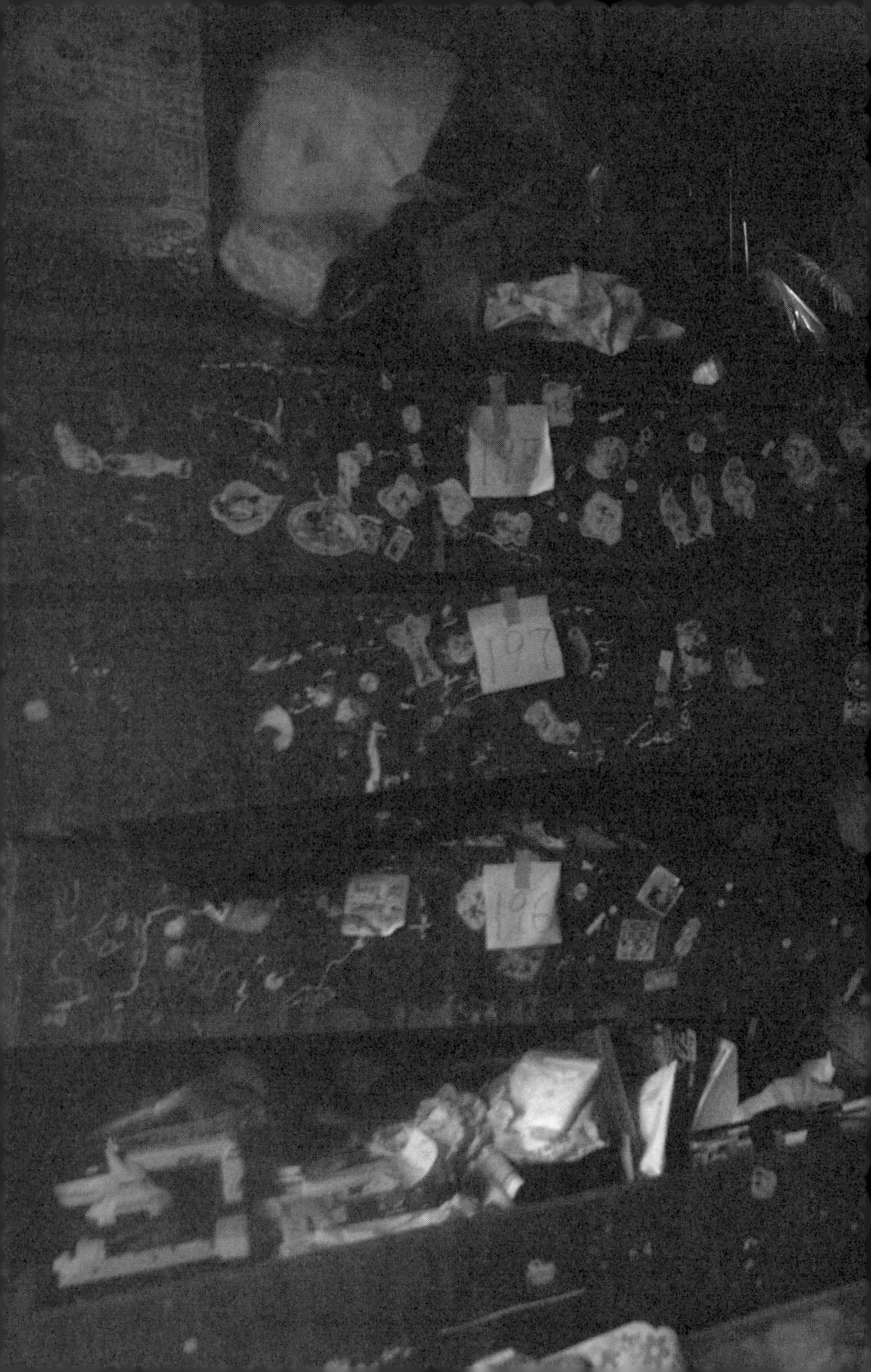

上田美由紀もさぞかし我が世の春を謳歌していたことだろう。そうかと思えば、鳥取市内の自宅は家賃2万5千円、12畳の１ＤＫ。黄と緑が混じったような色のうらぶれたプレハブ長屋だった。

上田美由紀はその後、知人だった男性2人に、借金などから免れるために睡眠導入剤を飲ませて水死させたとして強盗殺人罪容疑で再逮捕された。プレハブ長屋のなかは逮捕時、ゴミ屋敷のように荒れていた。

逮捕——そして留置所、拘置所、裁判のこと

〈私は逮捕されてから7ヶ月という長期に渡り留置所に入れられ、また、取り調べを受けました。取り調べは連日のように警察と検察であり、土日もありました。休めたのはお正月の1日か2日ぐらいだったと思います。やっと検察の取り調べから帰ったら、休むひまが少ししかないくらい、次は警察の取り調べの連続に、私は途中で何度も苦しくなり「もう好きにして」と叫びそうになりました。あらゆる甘いことや子供たちのことを言われるたび、何度も途中で心が折れそうになったでしょうか……。警察や検察が私の味方で弁護人の方が敵？　と思えることもあったのですが、

どんなときでも、少しの時間でも、一審の弁護団の先生方が面会に来て下さり、私を励ましてくれたからこそ、７ヶ月間、どうにか保ったのだと思います。

この７ヶ月間、もうお正月も関係なく、休日も関係なく、一日に何度も大雪だろうと弁護人面会に来てくれたのと、取り調べ途中で弁護人を呼んでもらい、ＳＯＳを何度も出しました。黙秘をしたのですが、黙秘も苦痛で、仕方なく甘い言葉や怒声の取り調べに頭がおかしくなりそうでしたし、取り調べはとてもメチャクチャでした。

留置所の食事は朝昼夜とも同じようなお弁当でした。また、接見禁止中だった私は、許可されるものがほとんどなく、朝から夜までの取り調べに心も身もクタクタになっていて、何度も自死を考えましたが、全てを取り上げられている上、留置所で弁護人と私のための被疑者ノートに、日々の状況を書き記すためのボールペンも芯が１ミリしか出ていないものしか借りられませんでした。一日に何度か、持病のための薬を自分で注射器で打たないといけなかったのですが、その針をこっそり持ち帰り、私は、その針でウデに子供たちの名前を彫りましたが、その跡がいまもうっすらと残っています。それくらい思いつめていて、このキズを残してもう自死しようと思っていたのですが……。その名前とメッセージを彫った頃に留置所の刑務官に針を取り上げられてしまいました。〉

面会時に彼女の左腕を見せてもらうと、取り調べ後にこっそり持ち帰った注射器の針で掘ったというその傷跡が、いまも微かに残っていた。5人の子どもたちの名前が彫られていたという。

〈留置所は、ただ寝に帰るだけの場所でした。歩いて20歩くらいのところに取り調べ室があるのですが、（警察の）何の？　と思うくらい手錠をとってハズしての日々にウンザリもしていましたし、取り調べの最中も腰とイスに紐と手錠が付いていて、苦しくてとてもこれも苦痛でした。

検察での取り調べでは、地下みたいなところから4階くらいまでの階段を、一段一段上がって下りてと、これだけでもしんどいのに、取り調べでしんどく、また、平気でお茶やコーヒーを検察官は取り調べ中に飲んでいるのに、この人たちは何？　となってしまいました。一日に何回も上がって下りてと検察ではさせられ、とても苦痛で仕方がなかったのです。

取り調べで黙秘をしている間、私は検察官のネクタイの柄のヘリコプターを数えたりしていました。休日にも検察官が、逆に警察署まで何度も来るのには「うんざり」しましたし、取り調べ中に「あなたのために岡山から来てるんだよ、長期出張で。何か話して?」と何度も言われましたが、「私は呼んでない!!　早く岡山に帰ったら……」と口に出しそうに何度もなりました。何も話してない私の前でパソコンを打ちまくる音と声が、夜もずっと耳から離れませんでした。あまりのストレスのため、後半頃はどんどん脱毛になってしまい、鳥取刑務所に移送される頃には落武者状態になってしまいました。

私は、鳥取刑務所に移送されてから3ヶ月近く食事をほとんど口に出来ませんでした。取り調べ中に「刑務所の食事は動物（※手記では伏字）のエサにもならんようなものを使ってるんだぞ」と言われ続け、この食事はダメなんだと思い込んでしまっていたのです。一生懸命担当の女性刑務官の方を始めとして、他の刑務官の方も食事や運動をススメて下さるのにもかかわらず、私は口にすることが出来ませんでした。

でも、鳥取刑務所で初めて出された食事はいまも覚えています。午後に鳥取刑務所に到着し、（夕）からの食事でしたが、この日はひら天2枚、小松菜と油あげの煮びたしとすまし汁とヤクルト1本と麦ごはんでした。この日から3ヶ月近く食事を口にしないので、何度も倒れ、また、熱中症でも倒れ、私は医務室に連日運ばれていました。カレンダー2ヶ月分は軽くこえてしまうと思います。

刑務官の方々の良心的な対応と弁護人の助言で、少しずつ食べれるようになったのですが、留置所は冷たい弁当に対し拘置所は温かい食事が出るのを少しずつ知り、また、ＴＶや本などで見てきた刑務官の方々とは全く違っているのに、正直びっくりしたのですが、私は、鳥取刑務所では女区で、３回担当刑務官が変わりましたが、３人とも、とても良い刑務官の先生ばかりでしたし、私はあだ名を付けて呼んでいたのですが、とても良心的な方々でしたし、他の男性刑務官の方々も良心的でした。高圧的な刑務官の人は、私は本当にほとんど見たことがありません。１人や２人嫌だな〜と思う刑務官の方もいましたが、その他の刑務官の方々の良心的な対応に、いつもその嫌な刑務官の方のことは忘れられました。

また、私は鳥取刑務所をでたことがなく、余計に刑務官の方々の良い面しかわかりません。留置所と違い、四季を感じさせてくれる食事や運動場で見れる草花に、少しずつ心がほぐれてきたのだと思います。

そして鳥取刑務所から一審の裁判員裁判を受けに行ったのですが、連日の様に続く公判にもかかわらず、早朝から他の方より早めに食事を出してくれたり、お風呂も早い時間に入らせて下さったり、本当に色々としてもらいました。裁判員裁判で、ものすごい報道関係の方々から私を守るためにカーテンを閉めたり、シーツ？　みたいなので車の中を見えなくして下さり私を守ってくれましたし、私の公判中の食事も温かいまま運んでくれました。ほとんど口にすることが出来ずに申し訳ないと思いながら残していました。

裁判員裁判は、私は毎回とても怖くて、いつも半泣き状態で出廷していました。公判スタイル（服装）を考えられたのですか？　とよく聞かれましたが、私は全く何も考えず、そもそも考えられませんでした。なので、朝準備しているときにも「また同じ服装でいいの？」と刑務官の担当の先生に言われ、あわてて着替えたこともありますし、同じ服装だったときも多々あったと思います。

私は本当に裁判員裁判が怖く、顔をどこに向けていいのかさえわかりませんでした。また、傍聴席のマスコミの人の多さにも、怖くてビクビクしていたのです。私は服のことよりも、1回1回の公判に何とか出席するのが精一杯でした。

裁判員裁判を通し、公判前（逮捕時）に、またメディアによって、さんざんあることないこと書かれた上の公判で、公平中立平等に、先入観なしに、裁判員の方は大丈夫なのだろうか？　といまも私は思います。また、裁判員の方々は、なぜ公判後に記者会見を受けるのだろうとも思います。他の人の公判後のことを聞いても……。

でも、私は、私の裁判員裁判をされた裁判員の方々のことを、いまも悪くとっていません。長期間の裁判で大変であったであろうと、心から思います。その意味も込めて、一審判決直後に、無意識に「ありがとうございました」と言っていたのだと思います。私は、ほとんど覚えてなく、後で聞いたのですが……。

判決の日は、頭の中がまっ白というよりも、正直、ショックのあまり、もう何色でもなかったと思いますし、何色でもありませんでした。

その後、現在の松江刑務所に移送されましたが、鳥取刑務所で数年過ごしていた私は、鳥取刑務所とのあまりの違いにとまどい、びっくりしました。松江刑務所には、お昼前に着いたのですが、この日のお昼はチキンカレーとツナサラダと福神漬けとバナナと麦ごはんでしたが、この日もほとんど食べれませんでした。松江刑務所も3人担当の刑務官の先生が代わりましたが、ここでの3人の担当の刑務官の先生も、とてもスバラシイと思います。

1代目の担当の刑務官の先生には、またカラに閉じこもろうとしていた私を、何とか日々を一日一日を大切に過ごせる様にと色々お世話になったり、控訴審や民事やその他で落ち込んでいるときも、どんなときも支え見守ってもらいましたし、どんなときでも、いつもと変わらない態度で接して下さり、私はどれだけ救われたか？　わかりません。

私が兄のように親しくさせて頂いていたあるＴＶ局のジャーナリストの訃報が届いたときに、本来、大声を出したりしてはダメなのですが、私とそのジャーナリストとのやり取りを知っているので、号泣し続けている私をそっとしておいてくれました。そして「あなたの心の中でＩさんは生き続けているよ」と言ってくれた言葉に、私はどれだけ救われたでしょうか？　とことん落ち込んでしまっている私に一生懸命に伝えてくれました。

2代目の担当の刑務官の先生は、書ききれないくらい、とても私は心から落ちつける刑務官の担当の先生でした。どんな悲しいときも、苦しいときも、辛いときも、この2代目の担当の先生の魔法の言葉一つ一つに、私は和ませてもらいましたし、どんなときも、若い刑務官の方なのですが、びっくりするくらいの言葉で伝えてくれて、私は今日まで来れています。感謝の言葉しか1代目と2代目の担当の先生には思い浮かびません。

3代目担当の先生も若いですが、サッパリしていて、私は助かっています。3人の担当さんに鳥取刑務所と松江刑務所で共通して言えるのは、高圧的な刑務官及び悪い刑務官の方々を、私は

面会時に上田美由紀が勾留されていた松江刑務所（2017年7月31日）

者用駐車場
30m
面会受付入口
再犯防止

ほとんど知らないということです。拘禁者の方々からお手紙をもらっても？？？　となるばかりです。私は刑務官で高圧的な方や悪い人を見たことがありませんので……。〉

子供たち、裁判員、支援者への感謝を私らしく伝えたい

前述の通り、上田美由紀は殺人について無罪を主張したが、一審、二審では有罪認定がなされた。手記には、子供たちと裁判員、支援者などへの感謝の気持ちも綴られていた。

〈私には、4年近く文通をしている、私を見守って下さっている（東京在住の）方がいます。この方のおかげで本当に助かっていて、本来の私でそのまま手紙をやり取りさせて頂いて、私のもう一人の東京の父です。この東京の父には、娘としてみたいに接してもらっていて、お互い日々の出来事を話せていますし、とても東京のお父さんには涙々で伝えたいことがありすぎて……。

私は5人の子供たちのおかげで、今日まで何とか頑張って来れました。5人の子供たちと、いまは亡き父と母と兄に、ありがとう、と感謝を伝えたく思います。5人の子供たち、天国の亡き

父と、母と兄と東京のお父さんと天国のＩさん、ありがとう‼　心から感謝でいます。

私は、いま上告審中です。いま、この手記を書いているときは、上告審がどうなっているのか？　全然わかりませんが、でも、上告審弁護団の弁護人の先生方を、私は一審の弁護団と同じくらい？　いやそれ以上かもしれませんが、とても信頼し、そしてとても心から信じています。

東京から1ヶ月に何度、面会に来て下さったでしょうか？　私の控訴審での悔しさも、しっかりと受け止めて下さり、日々多忙で弁護団の先生方がお疲れでヘトヘトだと思うのに、いつも私のことを心配して下さったり、私の弱音や泣き言も聞いて下さったり、私が数十キロやせたときはとても心配して下さったり、「次に会うときは太っててよ」との言葉をかけて下さったりで、少しづつ体重も元に戻ってきましたが、上告弁護団の弁護人の先生方と、松江刑務所の刑務官の担当の先生方、他の刑務官の方々や色々な方々が心配して下さったりしたおかげだと思います。

上告審について不安も多々ありますが、私は上告弁護団の先生方を信じ、信頼している私がとても大きいです。そして、この手記を通して、色々な意味でお世話になった、お世話になった方々に感謝を伝えたく思い、書かせて頂きました。

今後、いまのところ、どうなるのか？　わかりませんが、この8年近くで、私は多くの人と出会いと別れを体験しました。そのなかには、とても嬉しかったこと、立ち直れないほど辛く悲しかったこと、笑ったこと泣いたことも色々経験させてもらった8年だったと思います。良いことも悪いことも悲しいことも、全て含めてありがとうを皆さんに、私らしく伝えさせて頂きました。最後まで読んで下さりありがとうございました。皆様に感謝します。心からありがとうございます。〉

事件については一切語られていない手記はいわば、来る結審が思い通りにならないかもしれないという心像のようなものなのだろうか。そうした覚悟を感じさせる上田美由紀に、「これからどう過ごすのか」を聞くと、「いろいろやりたいことがありますけど……、いまは言えません」

上田美由紀は強張った面持ちでそう答えた。夜は眠れていますか、こう聞くと、

「あまり……。でも、拘置所の規則があるので布団には入っています」

夜、上田美由紀はどんな夢を見て結審までの日々を過ごしていたのだろうか。

主文、被告を死刑に処す――。

上田美由紀にとっては最後の望みであったはずの最高裁の審理は、1カ月に満たない間に結審した。

「夜遅いからってラーメンばっかり食べちゃいけんよ」西の毒婦、最後の肉声

松江拘置所。判決後、再び、上田美由紀に面会した。彼女はペパーミントグリーンのTシャツに茶色の短パン姿で現れた。切羽詰まった感じはなく、以前と様子は変わらない。ときおり笑顔をすら覗かせる。

上田美由紀は最高裁に対し判決訂正の申し立てを行なっており、このときその審議が行われていた。あと数日もすれば、結論が出る——。

判決訂正の申し立ては、判決文の誤字や脱字を訂正してもらうために行う手続きで、死刑判決が覆ることはほとんどない。そのため、最高裁の判決をもって〝事実上〟の死刑確定となるのだが、身分は未決のままだ。

ひいてはこの申し立てが棄却されると未決から確定死刑囚となる。そして、こうした面会は、その時点で原則として親族や弁護士以外には許されず、再審でも認められない限り生の声を聞く機

会は失われてしまう。もう時間はない。上田美由紀との面会はこれが最後になるかもしれないのだ。

そこで友人記者と手分けして面会を重ねた。現状が、もうどうすることもできない寄るべなさのなか、上田美由紀は何を語るのか。以下は、それを一つにまとめたものである。

――判決後、何か変わりましたか？

「一切、変わってないです。弁護士さんを信じています」

――食事はどんなものを？

「今日はパンの日、って言うんですか（笑）。パンと、かぼちゃのおぼろ煮、フルーツヨーグルトとチーズ、コーヒーが出ました」

――ちゃんと食べれていますか？

「あんまり……」

最高裁の判決が出てからは、いままで以上に食欲がないという。

――心境は？

「わからない。表現ができない状態で、いま、私は自分の気持ちがわからない。で、なんか、ただ、判決の翌日以降に、友人や弁護団から励まされました。励まされたというか、弁護団が支えてくれてますので、それでちょっとありがたいと。で、いま、自分がどういう気持ちというのが表現できない状態ですね。なんか、もう早かったな、いろいろあって、急展開で。いま、毎日が、一日一日が大切なので、時間を無駄にすることのないように過ごしています」

——早かったというのは、いつから？

「弁論から判決までも早かったような感じがします」

——それは最高裁が始まってからのことですか？

「ていうか、これまでの8年間がなんか走馬灯のように思い出されるというか。8年経ってもわけがわからない」

——では判決後は、どんなことをして過ごされていますか？

「支援者に手紙を返したり、一度読んだ本を読み返したり、とにかく、ぼーっとする時間をなくそうと思っています」

——最近のお気に入りの本は？

「弟と呼べるほどの支援者からさし入れてもらった『深夜特急』（沢木耕太郎著）と、『砂時計』（芦原妃名子著）ですね」

――面白いですか？

「感動しました」

そう言うと、はにかんだ笑顔を見せた。

そのはにかんだ笑顔の下には何があるのか。上田美由紀が最近のお気に入りだという少女漫画『砂時計』。舞台は山陰、島根県だ。その県庁所在地、松江市の郊外に構えられた松江刑務所が、彼女の現在の〝棲家〟だ。おそらく、いま自分が置かれている状況と、漫画の舞台を重ねたのだろう。

――この8年間を振り返ると？

「ただ、もう早かったな、いろいろあって、急展開で」

――8年経たれても、自分のなかでまだ事件と向き合えていない、という……。

「なんか、いま、自分がどう考えているかを表現できないというか。本当に表現できないんです。これは正直な気持ちです。だからこの8年間の訴訟（裁判）を含めて、ちょっとわからない。どう説明していいのかがわからない」

――事件の真相は違う？

「それはお答えできません」

――やはり、いまの状況に、納得はいっていない。

「それはちょっと弁護人に……。弁護団と一緒に戦っていく、考えていきます」


これまで何度も同じ質問を繰り返してきたとはいえ、事件の話になると毎度のごとくピシャリと遮断するのは、なぜだろう。

それはお答えできません。

それはちょっと弁護人に……。

これらのフレーズが毎回出てくる。

思えば、いつも彼女は冷ややかに笑いながら言うのだった。「やっていない」とも言わないのは、事件についての発言を避けるよう弁護士に言われていることも大きな要因かもしれないが、その表情は、このときばかりは毒婦のオーラを纏っているように思えた。

どうすれば事件について語るのだろう。そこで直接的な質問ではなく、内容を迂回させて聞いた。

——最高裁の判決を初めてきいたときはどんなことを思ったか覚えていますか？

「覚えてますよ。びっくりしました。わからなかった、なにがなんだかわからなかった」

——びっくりしたこと以外に覚えていることはありますか？　その日のこととか。

「びっくりしたというより、何て言ったらいいんだろう？　うーん、どうしたらいいんだろうとか、どうしたらいいんだろうと。わからない。わからなかったです。パニックになっていたというか」

——その日から、以前と後では、何か変わりましたか？

「だから、そこがわからないんです」

——わからないからいまも以前と変わらず、ということですか？

「変わらずに、という言葉がわからず……。私は変化する人じゃないんで。ギャアギャア喚く人ではないんで」

——では、これまでの8年間で得たものや成長した部分は？

「得たものは、刑務官に支えてもらったのもあるし、良い弁護団にも出会いました。もちろん支援者の方々にも。多くの方に支えてもらいました」

――内面で変わった部分は？

「刑務官に対しても素直になれるようになりました。もともとは素直じゃなかったというわけではないんですけども、弁護人にはもちろん、刑務官にも自分の気持ちを伝えられるように」

――世間に対してなど、なにかおっしゃりたいことはありますか？

「いや、あの、よく聞かれるけど、わかんない」

――とくに無い？

「よくわからない。というか、怖い、怖いです。怖いイメージしかないです。週刊誌に書かれたことが事実じゃなかったりとかで、これまで怖い思いをしたので」

――世間が怖い？

「世間というか、わからない。なんか、なんかね……」

「犯人性の話ではない」と前置きして、言った。

――こうして上田さんの声に耳を傾ける一方で、被害者の方々の声も聞かなくてはなりません。上田さんの知っている方たちが亡くなっていて、いまもその遺族の方たちは真実を知りたいとおっしゃっています。そこで、真実を知りたいとする方たちに何か言えることはありますか？

「ああ……。うーん、それはお答えできません」

——今後の生活と過ごし方で、思われることは？

「弁護団がついています。弁護団と弟（支援者の一人）を信じます」

——弁護団と支援者は裏切れない。

「裏切る……。裏切るってどういうことですか？」

——投げ出したりは、しない。

「してないじゃない」

——今後も弁護団と支援者を信用して、戦っていく。

「弁護団と支援者を信用してます」

——その決意を、最後に。

「わからなーい。それは弁護士に聞いたほうがいいと思います」

——いや、上田さんの言葉として。

「弁護士に全て任せているので、私は。弁護団が引き続きやってくださります」

──弁護団を信じてついていく。というか、一緒にやっていく。

「そうですね。今後も私の考えを伝えていきたい。とにかく、本当の私を知ってもらいたいのです」

手記でも面会でも、上田美由紀は事件について一切語らなかった。「本当の私を知ってもらいたい」と言いながら、本当に語るべきことには口を閉ざしたまま、上田美由紀は判決訂正の申し立てをした結論を待つ──。

面会終了を知らせるタイマーが鳴った。静かに立ち上がった上田美由紀は、コクリと会釈をして背を向け一歩、二歩と面会室の扉に向かって歩き出した。

そのとき、不意にこちら側をもう一度振り返り発した言葉が、「西の毒婦」と呼ばれた上田美由紀の、最後の肉声だった。

「夜遅いからってラーメンばっかり食べちゃいけんよ」

いつも帰宅が遅いため、家の近くのラーメン屋で食事を済ませることが多いと零していた友人記者に対しての気遣いだったことに驚いた。どんな思いで言葉にしたのだろう。2人を殺めた罪に問われた被告としての顔と、赤の他人の食生活を息子のようにして気遣う顔。なんど反芻してもこんがらがった。

そして――。その数時間後、件の判決訂正の申し立てが棄却され、上田美由紀は確定死刑囚となった。

2023年1月14日。上田美由紀は収容先の広島拘置所で死亡した。遺書などはない。食べ物を詰まらせたことによる窒息死だった。

このとき上田美由紀は高血圧などで投薬治療を受けていた。健康状態は相当悪化していたようだ。最後の晩餐は、自ら購入したピーナツやキャラメル――食欲がないと漏らしていた上田美由紀は、果たしてどんな思いでそれらを口にしたのか。その心中を聞く術も、事件の真相を知る術も、もう永遠にない。

秋田9歳女児虐待殺害事件

元夫が語る事件の深層

「元妻はオラクルカード占いで愛娘殺しを決めた」

私と一緒に幸せの国へ行きましょう

２０１６年６月17日、朋美（仮名、当時40歳）は小学校４年生の娘・美咲さん（仮名、当時９歳）と秋田県秋田市内の自宅アパートと二人きりでいた。朋美は生活保護を受けながらの生活で、仕事はしていない。特に用事がなければ、出かけることはなく、家に引きこもってばかりだ。

７年前から秋田市内の児童養護施設に入所していた美咲さんは、久しぶりに母に会えるからと、喜び勇んでその日の夕方に一時帰宅していた。施設に入所したのは、朋美が育児放棄し、児童相談所も母親による養育が困難と判断したからだった。

荒れ放題の部屋は、朋美の育児放棄を浮き彫りにしていた。その日も朋美は食事を与えず寝てばかりで、美咲さんはしかたなく空腹をスナック菓子で満たしていた。もう何日もこんな生活だったから、美咲さんの不安はふくらんでしまうばかりだ。

20日16時５分ごろだった。秋田中央署員が朋美と美咲さんがいるそのアパートを訪れた。一時帰宅の期限は19日までだった。だが20日午前になっても美咲さんが戻らず、施設が警察に届け出たのだった。

電話は不通で、施設は訪問もしたが、朋美の応答はなかった。いままでにないことだった。署員が部屋で息絶えている美咲さんを発見した。鑑識の結果、死因は首を絞められたことによる窒息だった。

そばには朋美が倒れていた。すぐに市内の病院に搬送されたが、意識不明の重体だった。発見時、美咲さんはタオルケットに包まり、うつぶせで朋美に寄り添うようにして横たわっていた。後の裁判における証言などによれば朋美は、寝ている美咲さんを、まずは首を絞めて殺した。十数分にわたって力を緩めることをしなかった。美咲さんは無抵抗だったとされている。

そして呼吸が止まったのを確認すると、朋美は自身の体を包丁で刺して無理心中を図った。だが一命を取りとめ、朋美だけが生き残った。朋美の体にはためらい傷があり、発見時には出血もしていた。

この事件で、朋美は殺人容疑で逮捕、起訴された。

朋美がなぜ娘を殺し、自らも死のうとしたのか、その動機は裁判でも明確になっていない。ただし、この凶行をオラクルカードで決めたことだけはわかっている。

〈こんな世の中はもうダメだ。今日は最良の日。私と一緒に幸せの国へ行きましょう〉――

朋美は、いつしかカード占いに傾倒するようになっており、裁判で、殺人容疑の証拠資料として提出された朋美の日記に「オラクル」に基づいて決行する、というようなことが記されていたのだ。

オラクルカードとは、神様や天使など目に見えない存在からの助言をもらうためのカードのことだ。タロット占いで使うタロットカードと比較するとわかりやすい。どちらも占いで使われるが、タロットカードはゲームや占いのためのツールであるのに対し、オラクルカードは悩みや結論が出ないような事柄のお告げを、神託や預言、神の言葉などを意味する「オラクル」から受け取る。

そこで目を引くのは、美咲さんの背中に、犯行を示唆するようにして置かれていた一枚のオラクルカードだ。調べると、〝殺し〟を意味するカードだということがわかった。

殺人犯が、占いで犯行を決めるなど、まさに奇想天外で、かつて一度も見聞きしたことがないほど珍奇である。

朋美はなぜ占いに傾倒し、神のお告げを受け、そして娘を殺めたのか。

「私はずっと思っていたんです。いつかこうなるんじゃないかと思っていたんです」

事件から８年３ヶ月後の２０２４年秋、朋美の元夫で、美咲さんの実父である阿部康祐（51歳）は、この事件は「予感されたことだ」として、実母による愛娘殺害に至るまでの道のり、そして愛娘と朋美への思いを語り始めた。

精神を患う妻との不条理な生活

康祐と朋美は２００２年、６年の交際を経て結婚した。出会いは飲み会の場で、酒好きの二人はすぐに意気投合し、ほどなくして男女の仲になった。康祐は23歳、朋美は20歳だった。

結婚の数ヶ月前――。朋美が急に「自分はワキガだ」と言い出したことが、すべての始まりだった。異臭はなく、医者からもそうではないと診断されたのにもかかわらず、朋美はそうだとして譲らなかった。被害妄想なのは明らかでありながら、ついには臭いの元となるアポクリン腺を切

秋田県内の実家仏間で取材に応じる阿部康祐

除する手術までしたのだった。

「それで満足せずに、『自分は何かしらの精神病を持っている』って言い出し、今度はドクターショッピングを始めたんですよ」

ドクターショッピングとは、診断結果に納得がいかず、医療機関を次々と変えて受診する行為のことである。自分の納得のいく診断結果が得られる反面、病気の本当の原因が見逃されてしまったり、誤診が下されるなどのリスクがある。

朋美は複数の精神科をはしごした。そして納得のいく診断が下された精神科に通院し始めた。

「診断結果は統合失調症。障害者手帳の等級は2級です。朋美はインターネットでアレコレ調べていたらしく、自分が統合失調症だと決めつけていたようなんです」

後にオラクルカードに傾倒して娘を絞殺する現実を説明するためには、朋美が患う精神疾患について詳しく知る必要があるだろう。

心や考えがまとまりづらくなってしまう病気、統合失調症。健康なときにはなかった状態が表れる陽性症状（妄想、幻覚、思考障害）と、健康なときにあったものが失われる陰性症状（感情の平板化、思考の貧困、意欲の欠如、自閉、記憶力の低下、注意集中力の低下、判断力の低下）

があり、当事者の気分や行動、人間関係などに影響が出るとされている。

康祐は朋美の精神疾患について「実は別の障害だったんです」と語った。地検は朋美の刑事責任能力を調べるための鑑定留置――精神鑑定を実施した。そのなかで、統合失調症ではなく「妄想性障害」だと明らかになった。それを康祐が知ったのは、裁判を傍聴するなかでのことだった。

妄想性障害は統合失調症と似ているが、幻聴や幻覚は強くはない。しかし、事実ではないことを「確信」してしまう「妄想」が長く続いてしまう、という特徴がある。日常生活に大きな支障はなく、普段はあまり目立たないが、妄想を確信するにあたり社会や結婚生活上などで問題が起こる。

遺伝、そして家族内での発症率が高い、という報告もあった。康祐は、それがありありと見える朋美の過去を、義理の父から聞いていた。

「朋美が３歳のときでした。新興宗教にハマった母が虚言や妄想を繰り返すようになり、母は実家から追い出されてしまったそうなんです。実父に引き取られる形で実家に残った朋美は、そのまま母と生き別れてしまいました」

康祐が、遺伝ではなく「家族内での発症」を疑った理由はわかりやすい。こうして朋美は母親の愛情を受けずに育ってしまったからだ。その妄想性障害が社会人になってからや結婚生活で問題を起こす過程は後に詳しく見ていくが、朋美は10代の頃から問題行動が目立っていた。

「自分の主張は絶対に曲げない性格で、友達から間違いを指摘されても、それを受け入れられない。それどころか、激昂して、なんとか相手を言いくるめようとする。学生時代は、それが理由で周囲からいじめられていたそうなんです」

康祐は「朋美との結婚の許しを得ようと実家に行ったときのことです」と続ける。

「『嫁にやれるような娘じゃない』。義理の父からこう言われました。家事もダメ、人間関係もダメ。『娘は人としてダメだから』って言うんですよ」

あるべき母親という存在がなかった上に、父親からも腫れ物扱いされていたようなのだ。朋美の妄想性障害は、この生い立ちが下敷きだったことを、康祐の話は表している。

交際当初は目立った兆候は見られなかった。

しかし、それも長くは続かなかった。例のワキガ事件と時を同じくして、朋美がおかしな行動をするようになった。

「何がきっかけかはわかりません。朋美が別人になった。そんな印象でした」

髪を突然、金髪にしたり、ヤンキー車として知られる日産のスポーツカー『180SX（ワンエイティ・エスエックス）』を乗り回した。ありもしない浮気で癇癪《かんしゃく》を起こす。事務職に就いていた仕事先でトラブルを起こしリストラにもあった。

リストラされたとき朋美は、すごい剣幕で会社に乗り込んだ。不当解雇を訴え、果ては和解金を勝ち取った。妄想性障害の症状として、自分に非がないと思い込んでいることが敵対的行動につながり、訴訟などに出ることがあるという。朋美の行動はそれを描きだしていた。

ついに朋美は仕事すらしなくなった。

「自分が守ってあげるしかない」——康祐は自分に言い聞かせた。そして結婚を決めた。家事はままならず、康祐は仕事をしながら身の回りの世話をする毎日だった。

また朝がきて、苦悩の一日が始まる。やがて事件が育つとは思いもしなかった。

逮捕、気づけば自分も病んでいた

結婚から2年後の2006年12月、愛娘の美咲さんが生まれた。

子授けは、当初は康祐だけが望んでいた。だが、ある日、朋美が突然「子供が欲しい」と言い出したのだった。これも症状からくる心変わりなのだろうか。康祐からすれば、そうであっても待望の第一子だった。

症状が育児のなかで現れたのは、それから1年後のことだった。康祐は、朋美が娘をソファに投げつける現場を見てしまったのだ。まるで、いらなくなった縫いぐるみを捨てるようだったという。娘を物扱いする朋美を見たのはこの一度きりで、仕事で家を開けている時の状況まではわからないこと、そうであっても「それまで溺愛していたのに」と康祐は語った。

だが、朋美の奇行はそれだけではなかった。今度は康祐に対して理不尽な理由で殴る蹴るの暴力をするようになったのだ。理が非でも朋美を守ると決めていた康祐は、何をされても黙って耐えた。

康祐の生活には、仕事と朋美や娘の身の回りの世話に「朋美からの暴力」が加わっていた。やがて康祐は、身も心もズタボロの状態になっていく。そうであっても朋美を守ると決めた気持ち。その限界はある出来事により表面化した。

笑顔で歩行器に

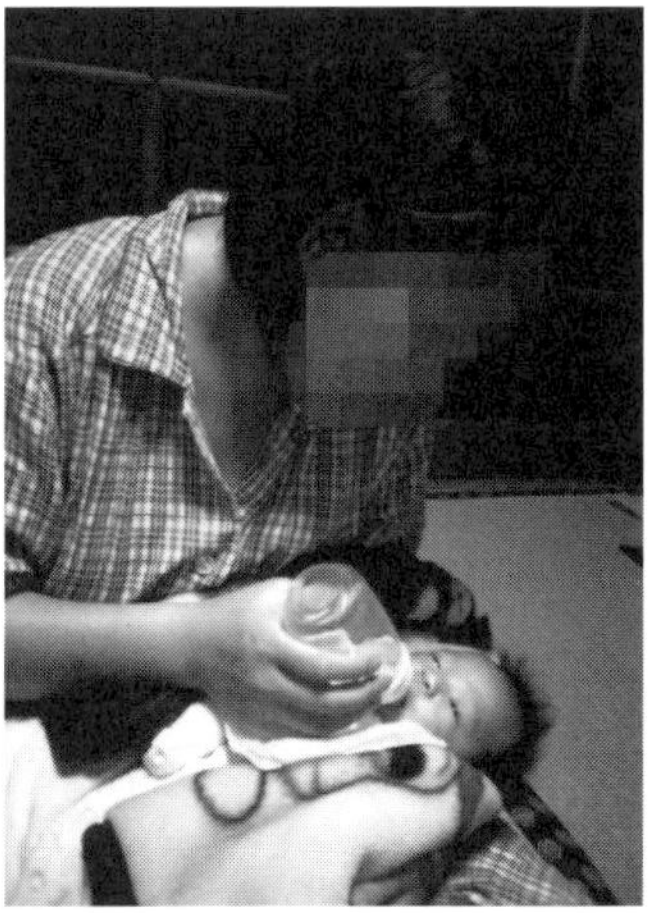

生まれたばかりの美咲さん。母に抱かれて

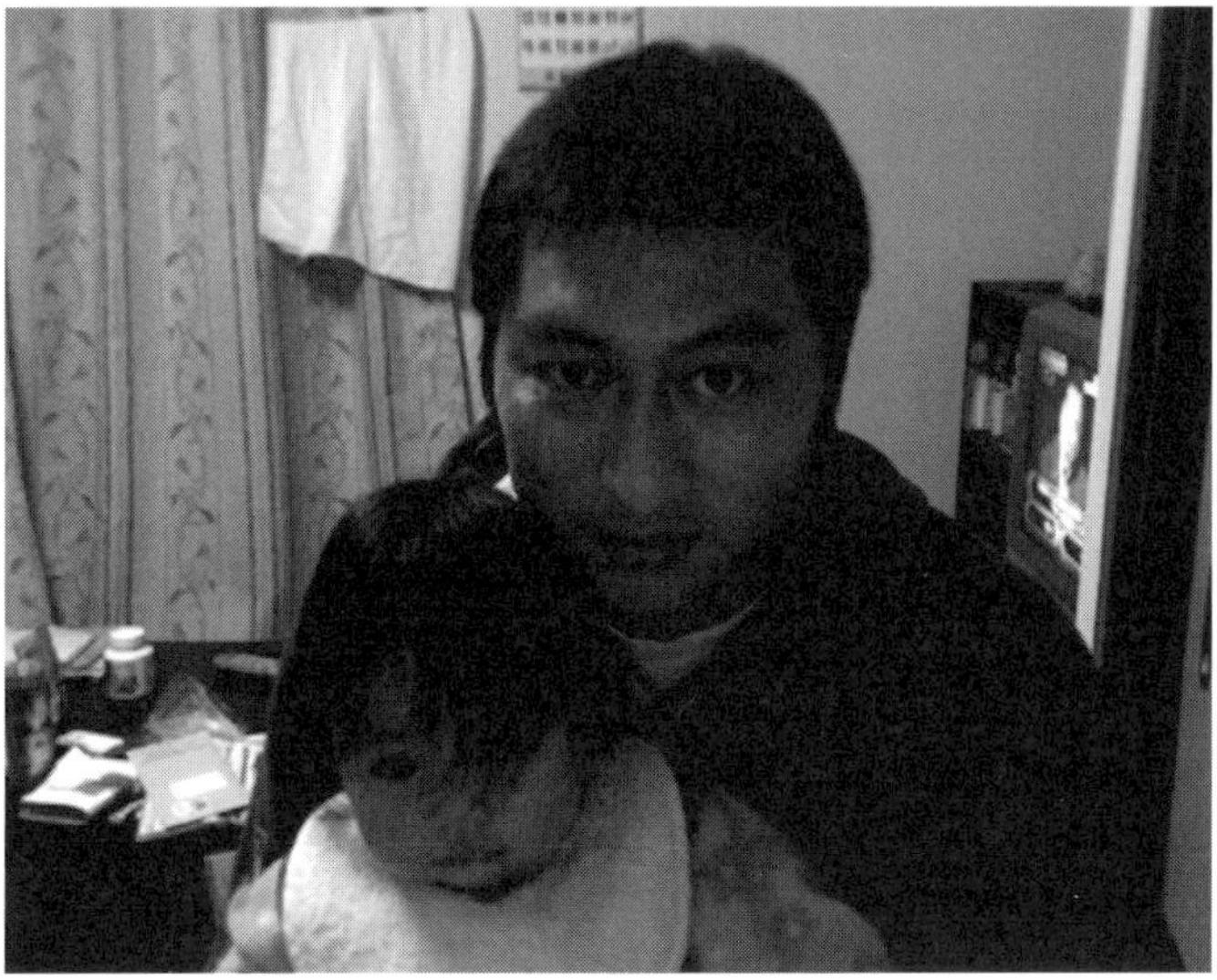

子授けを待望していた康祐と

２００８年10月19日、康祐は会社をクビになった。仕事上で簡単なミスを連発するようになり、会社からすればまるで使えない人材になっていたのだ。すると、会社から肩を叩かれた。経営陣から言われた言葉は「君のためにも少し休んだほうがいい」だったが、事実上のリストラだった。

その日の夜のことだった。

康祐は現金44万円とガスレンジを仕事で通い慣れた取引先宅から盗み、窃盗及び住居侵入罪で逮捕された。盗みを働いたときのことを、康祐は覚えておらず、「記憶はあるけど」として振り返る。

「私としては夢としての記憶なんですよ。感覚としては、そういう夢を見たっていう」

だがそれは現実世界で起こしたことだった。

逮捕から判決までのなかで、精神鑑定を受ける選択肢があった。弁護士からは無罪を勝ち取れるかもしれないからと勧められたが、拘留期間が数ヶ月延びると聞き、康祐は拒否した。自分が不在だと、愛娘がネグレクトを受けている可能性が高いためだ。愛娘を守るためには、一刻も早くここから出る必要がある。

判決は懲役2年、執行猶予3年――。警察の思惑通りの供述をした康祐は有罪になった。

後に康祐は精神科医の診断を受けた。

統合失調症だった。図らずも朋美と同じ道を辿ってしまったのだ。康祐は、統合失調症の影響かどうかはわからないが「自分でも訳のわからない行動をとってしまっていた」と続けた。確かなのは、このとき康祐は、自殺も選択肢にあるほど追い込まれていたということだ。

ここからオラクルカードによる絞殺事件に繋がる理由は、朋美がこのころからスピリチュアルに傾倒していたことが大きい。朋美は、スピリチュアル関係の本にアレコレと手を出し、いつしかその権威として知られる美輪明宏を、何者にも代えがたい絶対的な存在として崇拝するようになっていた。

朋美が眠剤や精神安定剤などの統合失調症薬を飲まなくなったのもこの頃だ。スピリチュアル界には薬を敵視する考えがあるようだが、これも美輪明宏からの教えなのか。

とはいえ、美輪明宏からオラクルカードのお告げによる絞殺事件への飛躍を、スピリチュアルに傾倒するようになったことだけで結びつけることはできない。

いったい何が原因となったのか。

「美咲の親権を放棄することさえしなければ、こうはなっていなかったと思います」

離婚後に美咲さんを預けることになった児童養護施設にこそ、その土壌があるとわかったのは、目に涙を浮かべながら過去を悔やむ康祐の話を聞いてからだった。

親子が引き裂かれた離婚調停

康祐と朋美は、康祐が窃盗事件を起こした直後に別居した。美咲さんはどちらが預かるのか。二人のなかでかなりの綱引きがあったが、頑として譲らない朋美が実家に連れて帰った。

二人は別居から1年後に離婚。康祐から離婚を申し出たという。

朋美を「自分が守ってあげるしかない」と固く決意していたとしても、これまでの経緯からすれば仕方がないことに思えた。その点を康祐に問うとこんな答えが返ってきた。

「もう自分は限界なんだ、と。また犯罪を犯すくらいなら、離婚したほうがマシだろう、と。自分には、とにかく美咲を守らなきゃいけないという気持ちが強くありました。それで離婚調停を起こしたんですよ」

この離婚調停が意味するものは、別居以来、康祐は美咲さんと会っていない――会わせてもらっていない——ことだった。〝普通〟の母親なら諦めることもできたが、朋美では〝危ない〟と感じていた。定期的に会って様子を見ることが極めて重要だと考えていた。

そのためにはどうしたらいいのか。康祐はすぐさま面会交流調停を申し立てた。美咲さんの親権をめぐり朋美と争ったのだ。親権さえ勝ち取れば、娘を守ることができる。だからこその発想だった。

これを受けて朋美は、弁護士と相談した上でこんな提案をしてきたのだった。

「月一で美咲に会わせるって言うんですよ。それを私は鵜呑みにしてしまいました」

月一回でも会えるのなら、朋美と娘の生活状況を知ることができる。体に虐待の形跡があれば、改めて親権者変更の申し立てをすればいい——康祐は悔しさを滲ませながら親権を放棄し実家に帰ったときの経緯を語った。

約束は当然のように破られた。端からそのつもりだったのか、朋美は離婚調停を済ませるとすぐに娘を連れて居を移した。

事実、娘に会えたのは、離婚調停中に持ち出すのを忘れていた私物を取りに帰ったとき一度だけで、その後は移転先すら知らせてもらっていない。

「2009年3月22日のことです。当時2歳の美咲から遊ぼう、遊ぼう、って言われて、〝高い高い〟をしてあげて……」

これが娘との最後になるなんて。過去を振り返り大きく息をついた康祐は、やりきれぬ思いでいる。

そのとき撮ったという写真を見ると、疲れ切って、でも、どこか嬉しそうに目を閉じる美咲さんの寝顔がまず目に入る。もう二度と会えないかもしれない。そんな予感がして、咄嗟にシャッターボタンを押したのだという。康祐にとっても、美咲さんにとっても幸せな時間だったのでは、と想像する。

約束を反故にする兆候がまったくなかったわけではなかった。直後に朋美は、こんな捨て台詞を吐いて康祐を家から追い出していたからだ。

「この子は学習院に入れます。立派に育ててみせます」

康祐は統合失調症と戦いながらも、愛娘の身を案じ続けた。行動にも移し、探偵まで雇い移転先を突き止めようとする日々だった。

離婚成立から1ヶ月後、朋美は行政を頼り美咲さんを連れて大仙市（旧大曲市）内の県営住宅に転居した。そして1年後、事件現場となった秋田市内のアパートに移り住む。命をつないだのは国の助けだった。康祐ナシでは暮らしが立ち行かなくなり、生活保護を受けた。しかし、前述した通り、児童相談所により母親による養育が困難と判断されて、結局は美咲さんを秋田市内の児童保育院に預けることになった。

児童保育院は朋美の対応に困った。子供に対する庇護意識からなのか、康祐に見つかったら困るからと美咲さんの部屋を角部屋へ移動させろと息巻いたり、頻繁に一時帰宅を要求する。いわゆるクレーマーだった。

この問題行動は、児童保育院内で波紋を呼んだ。入所当初から、児童保育院側は手を焼き、その対応は施設を所管する児童相談所に投げられた。

それが充分な議論や調査がされぬまま児童保育院の判断に委ねられてしまったのは、あくまで美咲さんの親権は母親の朋美にあったことが大きい。朋美は「親権」という法律上の権力を行使することによって、ここでもマウントを取ることに成功し、些細なことから一時帰宅まで自我を押し通せるポジションを手にした。

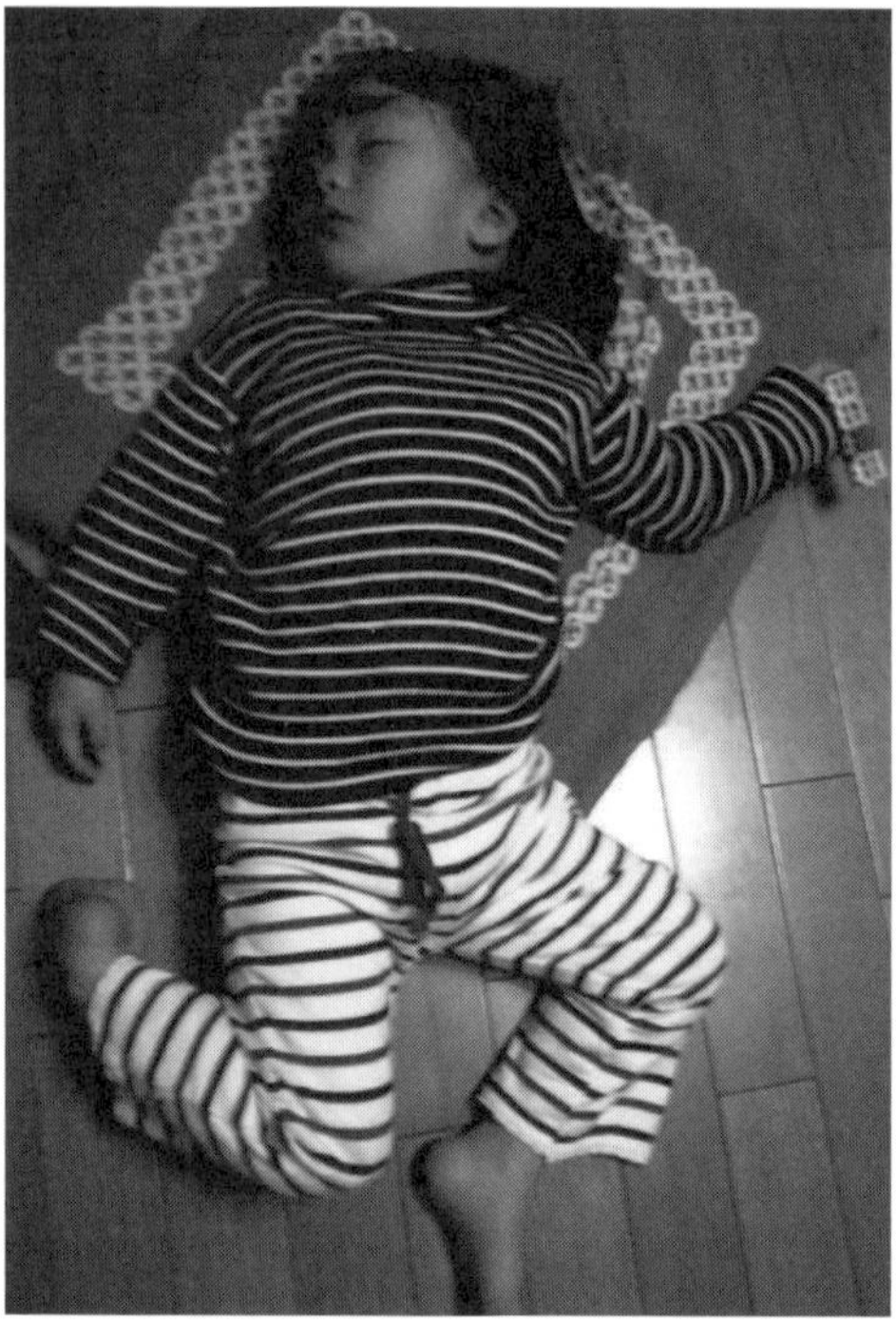

私物を取りに行った際に康祐が撮った１枚

児童保護院時代の美咲さん

一方で、美咲さんはどんな生活を送っていたのか、それは康祐が裁判や独自の調査でわかったことだとして、次のように話してくれた。

「負けず嫌いな性格が災いして、うまく周囲と馴染めていなかったようです。問題児とうか、トラブルメーカーというか」

事件後に秋田県社会福祉審議会が作成した報告書によれば、「叫び声を上げて走り回ったり、言うことを聞かず、職員が押さえても地団駄を踏んで暴れたりという状況であった」ようだ。

一つだけ顕著な例を挙げよう。あるとき美咲さんは、友達の耳たぶに鉛筆の芯を突き刺す事件を起こしたという。康祐が補足する。

「裁判で意見書を書いてもらったお医者さんの話では、やはり母親や家庭に問題があると、子供の精神状態にも影響すると。その精神状態は、この耳たぶ事件のような問題行動となって現れるらしいんですよ」

康祐は朋美の元に一時帰宅する美咲さんの様子も話してくれた。

「家での朋美は寝てばっかりで、美咲に『ご飯何食べたの？』って聞けば『スナック菓子』って答えるらしいんですよ。施設から出るときには『ママ』って駆け寄っていく様子が見られたらしいんですよ。家ではそんな状況だから、施設を出るときは喜び勇んで朋美に駆け寄っていくんだけど、戻ると精神が不安定になっていていろんな問題を起こすらしいんですよ」

康祐の話を通して浮き彫りになったのは、こじれた親子関係からくる「愛着障害」だ。愛着障害とは、乳幼少期に何らかの原因により、両親との愛着形成がうまくいかず問題を抱えている状態のことをいう。パーソナリティ障害や発達障害を抱えた若者の治療に、長年にわたって関わってきた精神科医の岡田尊司は、著書『愛着障害 子ども時代を引きずる人々』（光文社新書）のなかで、うつや不安障害、アルコールや薬物、ギャンブルなどの依存症、境界性パーソナリティ障害や拒食症といった現代社会を特徴づける精神的なトラブルの多くにおいて、愛着障害はその要因やリスク・ファクターになっているばかりか、離婚や家庭の崩壊、虐待やネグレクト、結婚や子供をもつことの回避、社会に出ることへの拒否、非行や犯罪といった様々な問題の背景の重要なファクターとしてもクローズアップしている。

美咲さんも美咲さんで生きづらさを抱えながら生きていた根が見えた気がした。やはり、あのとき親権を放棄したのが間違いだったと、悔しさを重ねる康祐がいた。

２０１６年の春ごろ、児童保育院の職員の男が県青少年健全育成条例違反容疑で逮捕されるという事件が起きた。施設の児童に対してワイセツ行為を働いたのである。

これ自体はよくあることかもしれない。だが、何がどう転ぶかはわからない。

実は、このワイセツ事件が、朋美を犯行へと向かわせた。

〈こんな施設に娘を任せておけない。こんな世の中はダメだ。〉

——自分が高校の頃にいじめられていたのも世の中のせいだし、病気になったのも世の中のせい。もちろん自分が不幸なのも世の中のせいだ——後の裁判で証拠資料として提出された朋美の日記には、こんなニュアンスのことが書かれていた。

これまでの道のりを振り返り、改めて人生を悲観するトリガーになったのだ。

２０１６年6月17日、朋美はいつものように一時帰宅を要請し、首尾よく児童保育院から美咲さんを連れ出した。そして——。

美咲さんは19日の帰宅予定日を過ぎても帰ってこなかった。職員が朋美にしつこく電話をしても、応答はない。果たして事件は起きた。決行日は、例のオラクルカードで決めた。

朋美に街でばったり会ってしまったらどうするかわかりません

「これ、まさか違うよね」

２０１６年６月21日の朝だった。康祐は、母親から秋田さきがけ新報を見せられ、そう言われた。

〈美咲さん（９歳）が死亡。〉

記事には5年前に朋美と離婚して以来、一度も会わせてもらっていない愛娘の名前があった。

朋美の名前は記されておらず、「母親」とだけ記されていたが、確かに名前も年齢も愛娘と同じで、母親の年齢も朋美と同じ40歳だった。

康祐はすぐに警察に連絡して確認を取ろうとした。だが、けんもほろろにあしらわれてしまう。たまらず朋美の父親に電話で確認すると、昨日、警察から電話があり、所轄の警察署に来るように言われたという。

記事は〝まさか〟、ではなかった。父親は淡々とでもなく、むしろ、憐れみを含んだ、慈しむような声だ。康祐は、新聞記事とこの義理の父の話とで愛娘が朋美によって殺されたことを知った。

当時を振り返り、康祐が朋美への思いを語る。

——新聞記事と義理の父への電話で元妻が美咲さんを殺したことがわかり、どう思いましたか？

「当初は、実際に娘の遺体を見るまでは信じたくない、ひょっとしたら間違いかもしれない、という。でも、現実なんだよな、っていう思いで頭の中がぐちゃぐちゃでした。で、少し冷静になって思ったのは、とうとうやってしまったんだな、ということでした」

——こういう結果になること思っていたんですか？

「最悪の結末、それが頭の隅にあったんですよ」

——なぜですか？

「朋美が危険人物だからです。だからこそ親権は自分が取らなきゃいけないと思ってたんですけど」

――そこまで危険人物だと思ってたのですか?

「危険人物は言い過ぎかな。要は、子供を育てられないことがわかっていたので」

――いつか子育てを放棄してどこかに捨てちゃうんじゃないか、ぐらいなことは思っていた。

「思っていました。それが殺しに繋がってもおかしくない、と思っていました。でも、まさか本当にやるとは……」


その日の午後、義理の父から美咲さんの居場所を聞いていた康祐は警察署の霊安室にいた。死亡解剖は済んだ後で、布団から首と顔だけを出し、頭は包帯でぐるぐる巻きの美咲さんが横になっていた。顔は赤紫色で、口を大きく開けていた。

康祐は、美咲さんが『助けて!』と叫んでいるように見えました」と語った。

この状況と事件とを重ねれば、そんな声を無視して朋美は美咲さんの首を、まずは息がしなくなるまで両手で締め続けた。そして冷たくなった美咲さんをタオルケットで包み、背中に一枚のオラクルカードを置いた。そのうえ自らの体をナイフで突き刺し自殺を図った。

康祐が美咲さんの遺体を霊安室で見たこのとき、朋美は意識不明の重体だった。だがしばらくすると、一命を取り留めたことがわかった。康祐はこのとき抱いた憎しみをためらいもせず口にする。

「命に別状はないと聞いたとき、朋美だけ死ねばよかったのにと思いました。結局、自分を殺せない、自殺もできないくせに、やっぱりここでも身勝手なのかなと」

「その気持ちはいまも変わりませんか?」と問うと、「変わりません」と応える。

康祐は「口にするべきことじゃないけど」と前置きして、でもこれが「正直な気持ち」だとして、言った。

「朋美に街でばったり会ったら、会ってしまったら、どうするかわかりません」

救えた命

秋田地裁は朋美の心神耗弱を認定し、検察側が求めたものよりいくぶん軽い懲役４年の実刑判決を下した。しかし、朋美はこれを不服として控訴。その後、最高裁まで争ったが、一審の判決を支持して２０１８年、刑は確定した。

「たったの４年だなんて」

判決は、康祐からすればまったく腑に落ちないものだった。

康祐は一審から最高裁判決までほぼすべて、裁判を傍聴して朋美の言葉を書き留めた。

「謝罪の言葉はなく、『覚えてない』『わからない』ばかりでした。反省などしていないはずです」

朋美に対する怒りを訴えながら、康祐は行政の対応の不備にも言及した。

「行政が対応を誤らなければ、救えた命だったはずです」

康祐は２０１９年、児童相談所を管轄する県などを相手取り、約８０００万円の損害賠償を求める裁判を秋田地裁に提訴した。だが秋田地裁は「児相の職員と施設側は情報を共有し、母親との面談をしていた」とした上で、行政の対応は不適切とはいえないと判断した。

康祐は即日控訴したが、二審の仙台高裁秋田支部も一審を支持し、控訴を棄却した。

そして、裁判長はこう付け加えた。

「一時帰宅中に母親が娘に危害を加える恐れがあると予見することは困難だった」

これを受け康祐は、いま上告中である。

でも、それでも――。

康祐が凍りついたのは、親権を放棄してしまった一生の過ちを反芻しているからだと感じた。

「考えたこともなかったです」

加害者遺族でもある康祐に、行政の対応を非難する前に救えた命だったのではと、あえて問いただしたことへの反応である。そして続けた。

「加害者遺族として考えると、美咲にも、世間様にも顔向けできない。そうですね、本来なら取材も一切受けずに隠れて暮らさなきゃいけないのかもしれませんね」

頭をかきむしった。ため息をつき、天を仰いだ。そして自分を戒めるようにしてそう続けたことが、精神疾患が重なった親権問題の難しさをずばりと突いているように思えた。

いま康祐が暮らす秋田県内の実家の仏間では、美咲さんが遺影のなかで微笑んでいる。遺影の周囲には、ピンクのランドセルや小学校の絵日記など美咲さんの私物が置かれていた。

その絵日記を見ると、「たからもの」の欄に〃いのち〃と記されていた。ページをめくろうとすると、康祐が目をそらした。これは、康祐が知らない美咲さんが歩んできた人生の記録だ。聞けば、いまだに全部は見られないのだという。

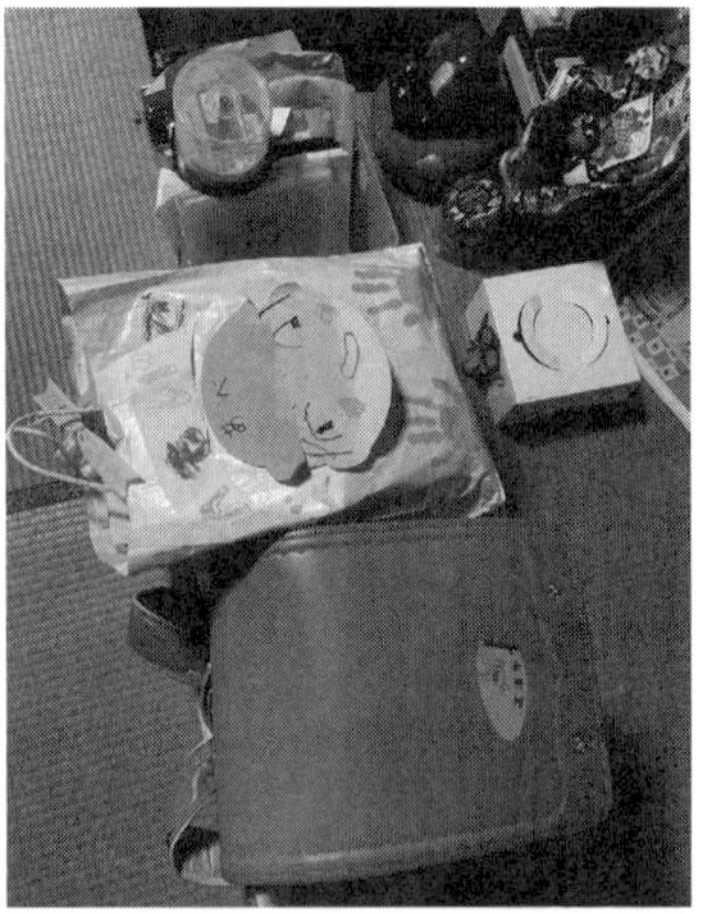

死亡後、康祐の元に帰ってきた美咲さんの私物

康祐が見せてくれた小学校の絵日記

「未来の子供たちのために、娘の事件を生かしたい」

はにかんだ笑顔と一緒に、そんな答えも返ってきた。

愛娘の死は康祐の人生を一変させた。あのとき、美咲さんが言いたかったのは「助けて！」ではなく「児童福祉の仕組みを改善せよ」というメッセージだ。それを果たせと強く言われているのだと思うようになった。

「こんなに辛い思いしたくはないじゃないですか、誰しも」

考えついたのは、２０２６年5月までに施行される予定の共同親権をより強固にするために行政の不備を認めさせる裁判を続けることだ。

朋美は刑期を終えて出所し、美咲さんは生きていれば17歳だ。

千葉老老介護殺人事件

殺人犯が語る犯行の一部始終

私が先に死んだら、家内は私より大変だったでしょうね

「殺したいとは多分、思ってはいなかった。抵抗されれば、力を緩めたかもしれない」

これは、介護疲れの果てにアルツハイマー型認知症の妻・富子さん（当時73歳）を絞め殺した男、小川健二郎（当時80歳）の述懐である。

千葉県船橋市内で、夫婦でクリーニング店を営んでいた健二郎は、「老老介護」の果てに50年連れ添った妻を殺めた現場である自宅2階の寝室に敷かれた1組の布団の片隅で静かに正座し、淡々と語った。見れば、壁際にはもう1組の布団がある。もし、いま富子さんが健在なら――。

「あの日（犯行日）もここで布団を並べて寝て、そして2人で朝を迎えるはずでした」

事件は２０１５年7月31日に起きた。健二郎は千葉県船橋市内のここで、午後11時45分ごろ、

就寝中の富子さんの首を絞めた。詳しくは後述するが、富子さんは翌日午後に搬送先の病院で死亡した。

「介護疲れ」を背景にした家庭内の殺人事件が相次いでいる。厚労省の２０２１年度の調査によると、殺人事件を含む高齢者虐待等の死亡件数は37件（２０２２年は32件）で、過去最高を記録した。

さらに毎日新聞（２０２３年12月16日付け）は、「60歳以上の当事者が死亡し、介護疲れや将来への悲観などが原因とされる親族間での殺人や無理心中事件が２０２１年までの10年間で、全国で少なくとも計４３７件（死者４４３人）」と日本福祉大の湯原悦子教授の類推を元に報じている。未遂事件などあり実際はもっと多い、と湯原教授は見ているという。

老老介護とは、介護者と被介護者がどちらも65歳以上の高齢者のことだ。75歳を超えている方同士の場合は「超老老介護」と呼ぶそうだ。事件当時の年齢からすれば、小川さん夫妻の場合はほぼその超老老介護に当てはまるだろう。

きょとんとした顔をこちらに向けながら健二郎は、富子さんをおもんぱかるようにして続けた。

小川健二郎。妻を殺めた自宅2階の寝室で取材に応じる

「ただ、これだけはハッキリと言える。私が先に死んだら、女房は私より大変だったでしょうね」

なぜそう言い切れるのか。私が健二郎の自宅を尋ねたのは、判決から1年後のことだった。

子宝に恵まれなかった夫婦の道のり

——奥様との馴れ初めから教えてください。

「あるクリーニング店で雇われ店長をしていたところ、しばらくすると受付の女の子が欲しいという話になり、助っ人で来たのが知人の薬局で勤めていた女房でした。私も独身で、彼女も独身。女房は初日から働き者だったから、この人だったら間違いないかなと思いその翌日に求婚しました。私は29歳。妻は23歳でした」

——運命的な出会いだった。

「そんな大袈裟じゃないけどね。独り身だったから、いい加減身を固めようかなと思って。出会ってすぐに求婚するなんて、さぞかし非常識な人だと思われただろうね。そして1996年、出会って12日目でスピード結婚しました。だからその間、結婚式まではお互いの家を一回ずつ行き来しただけで、手も握ったことなかったですね。

2人でクリーニング店をはじめたのは、結婚5年目、昭和46年に船橋に引っ越し、しばらくしてからのことです。うちの女房は働き者でした。結婚して50年、喧嘩もしたこともないし、口争いしたこともないです。ずっと私の片腕になって支えてくれました」

——夫婦二人三脚でクリーニング店を始められた、と。お子さんは？

「子供は一度できましたけども、妊娠5ヵ月に入る3日前、ちょうど腹帯を巻く戌《いぬ》の日に流産しちゃった。結婚2年目のことです」

——やはり子供が欲しいという気持ちが。

「特に私はありました」

——その後は子供を作る気にならなかった。

「いや、10年間、努力したけど全然できなくて。流産した後はすぐに出来ると聞いていたんだけどね。医者にも見てもらった。神社に行ってお参りもしたんだけどね」

子宝には恵まれず、夫婦はずっと2人暮らしだった。

認知症になった妻

――奥様の異変、認知症を疑ったのはいつ頃からですか。

「いまから10年前くらいのことです。なかなか分からなかったんですね。最初は、ちょっとおかしいなって思う程度でしたよ。とにかく忘れっぽくなってましたね。年中、財布を忘れたりとか。夜、1日の売り上げを各支店を回って集金してくるでしょう。それを経理担当の家内に預けるんだけど、本来は銀行に預けなきゃいけないものなのに、そのお金をどこへやったか分かんなくなっちゃう。で、探すととんでもないところから出てくる。鏡台の引き出しにお金が入れてあったりするんですよ」

――隠してるわけじゃなく、本人が置き場所として鏡台の引き出しを選び、しかも置いたことすら忘れる。

「そうそう。私からすれば隠してるように見えた」

――売り上げ金が鏡台の引き出しなどから出てきたとき、奥様はどういう反応をするんですか？

「全く反応なし。『なんでこんなとこに置いたの？』と聞いても、ポカンとしている。自分がやったっていう認識がないんです。問い詰めると、うちの女房はこう言うんです。『じゃあ泥棒が入ったんだ』」

長く険しい介護の日々

医師から正式にアルツハイマー型認知症と診断されたのは、健二郎が富子さんの認知症を疑うようになってから6年後のことだった。

たまらず病院に連れていったのである。症状が、見過ごせない域にまで達していたからだ。さらに物忘れがひどくなったのはもちろん、出先で誰にも行先を告げずひとりで徘徊するようになってしまっていた。

「社員旅行で台湾に行ったときのことです。もう女房は空港からおかしくて、みんなと一緒に行動しない。ひとりでトコトコと歩いていっちゃう。風呂の脱衣所で着替えをするでしょう。すると、自分の着替えじゃなくて人のものを着て来ちゃう。

それに気づいた私が『お前のじゃないよ』と指摘する。と女房はすぐに取り替えてきた。それで自分の服を着てきたのはいいんだけれど、今度は他人の時計や携帯電話を持ってきちゃう。パー

健二郎（左）と富子さん（右）。結婚式にて

健二郎が見せてくれた夫婦のアルバム

トさんたちからは医者に診てもらうことを勧められました。それで帰国後、すぐに病院探しです」

健二郎は台湾旅行の写真が納められたアルバムのページを捲りながらそう語った。施設に入れることも考え、あれこれ奔走したが、それは叶わなかったという。なぜか——。

経済状況より、民間運営の有料老人ホームなどに比べて低料金の公的な介護施設「特別養護老人ホーム（以下、特養）」しか選択肢がなかった、というのがその理由だ。近隣の全ての特養に入所の申し込みをした。しかし特養は待機者の多い施設で、入所までに数年かかると言われたあたりで、もうお手上げである。

こうして終わりの見えない、長く険しい老老介護の日々は始まった。


——富子さんが認知症と診断され、症状もどんどん悪化していった。夫婦でクリーニング店を営んでいた生活には、どんな変化が起きたのでしょうか。

「これまで女房がしていた仕事や家事を極力手伝うようになりました。でも、やはり女房は女房で自分の仕事に責任を持ちたいんでしょう。例えば食事の後片付けです。土鍋を食器棚にしまおうとすると、女房はそれを私から取り上げ、『私がやる！』と怒鳴りましたね。

そんな状態が晩年まで続きました。最後まで自分がやりたかったんじゃないですかね。仕事も、私が手をかける半年前までは続けていました。でも、その頃にはもう、受付もまともに出来ないほどで。ウチのお客さんは古くからの常連ばかりでしたから、お客さんが自分で料金を計算して伝票を作り、自分でお金をレジに入れていましたね。

終いにはプレスをするだけの単純作業もできなくなったので、パートさんにやってもらうようになりました」

――いろいろ仕事が奪われていく。そのときの奥様の様子は。

「何ら抵抗はなかったですよ。病気が進行した晩年の2、3ヵ月は、ほとんどプレス工場で座ってるだけでした。それでも女房は毎日、私と一緒に仕事場へ行きたがりました」

――奥様も葛藤されていたんでしょうね。最後まで健二郎さんの良きパートナーでいたかったんでしょうね。

「そうですね。そういう感覚はありましたね」

富子さんへの接し方がわからないまま時が過ぎていった。

排尿や排泄が自分では困難に

健二郎はその後の介護疲れについて「排泄障害」をあげる。

認知症は、いったん進行すると、「機能性尿便失禁が必発する」と医学博士・榊原隆次は日本創傷・オストミー・失禁管理学会誌で発表された論文に記している。

機能性尿便失禁とは、尿や便を漏らす症状で、トイレで排泄する意思がない、トイレの場所・容器が判断できない、衣類の着脱の仕方がわからない、などのために失禁してしまうものであるという。同時に、失禁をしても無関心で、臭気を意に介さないこともあるという。

「一気に、という感覚じゃないですね。ごく自然に。だから、何ができて、何ができないっていう、極端な例はないです」

富子さんは、一つ一つできることが少なくなっていくと同時に、「決められた場所で排尿や排泄もできなくなった」と健二郎は苦悩した日々を振り返る。

——なにより奥様がお漏らしするようになったことにショックを受けた。

「寝室でしちゃったりね。その頃には当然、オムツをしていました。でもオムツを脱いじゃう。そしてお風呂用のタオルを2枚重ねて敷いて、その上にとか」

——トイレだと思い込んでいる。

「そう。ほぼ毎回、タオルの上でしたから。臭いで気づいて風呂から出て2階に上がる。やはり排泄物がある。あ、やったな、と。それが私に見つかると、タンスから衣服を取り出しその中に丸めて隠しちゃう」

——いけないことをしたっていう自覚はあった、と。

「でしょうね」

——見つかったら怒られる、と。

「うん。でも怒ったことなんてないよ。私がすることは、女房の洋服を脱がせて、淡々とシャワーの水で排便したものを流すだけ。すると、最初はシャワーもお湯になってないから、『冷たい！』なんて逆に怒られたりね」

老老介護でつまづくのは、介護する側が「介護うつ」に陥ったり、自殺や要介護者への「虐待」などにつながったりする可能性がある、という点である。超老老介護になれば、さらにそれは加速すると言われている。

背景にあるのは加害者の「不眠」だ。調べると、多くの加害者が四六時中、介護に追われて睡眠不足に陥っている、という報告があった。健二郎の場合は、どうか。

——睡眠不足で「介護うつ」になり、介護者がついカッとなって声を荒げたり、暴力を振るったりするなどの虐待事件も少なくありません。

「私はやったことないね」

——怒りのような感情も湧かなかった。

「ないです。それが湧いたのはいちばん最後だけ。（犯行時の）夜8時、私はちょうど風呂から出たところでした。臭いで勘づき2階の寝室へ続く階段を上がりました。見れば、オムツのなかにしたウンチをね、オムツを外して手でかき回した後でした。かき回して四方八方に散らばしていました。おそらく、さらに病気が進行していたのでしょう。トイレ代わりのようにタオルを重ねてすることすらもなかったのです。

『何でやったんだ！』。あまりの惨状に、なぜかこのときだけは声を荒げていました。初めてのことでした。けれど、反応がないから、怒ったのは1回きり。女房は、布団に寝たままキョトンとするだけで、何をしたのかもわかってない様子でした。

実は、前にも何回か同様のことがありました。そのたびに私が『こういうことしちゃいけないんだよ』と優しく諭すと、女房は『私のこと嫌いになったんでしょう。邪魔なら殺しなさいよ』と。そう言われても、もちろんこれまでは相手にしていませんでした」

それで……。それで、タオルで首を絞めちゃった

夫婦の寝室を排泄物まみれにされたことでついに逆上した健二郎は、「これじゃあ寝られない」と思い、1階の居間の座椅子を布団代わりにして、窮屈な体制で一旦は床についた。寝室の惨状はそのまま、この出来事を忘れるように。明日も仕事だ。寝ないと仕事にならない。

「でも、10時半ごろ、すぐに目が覚めちゃって。やっぱり布団じゃなきゃ熟睡出来ないと思って

2階に上がったんだけど、臭いが強烈でね。ほら、女房は認知症の薬を飲んでるでしょう。そのせいもあってね」

問題は、寝室の畳の上に広範囲に散らばる排泄物群である。タオルをトイレ代わりにしていたならいざ知らず、さすがに畳の取り替えが必要になるほどまでの惨状になると、簡単に清掃が終わるとは思えない。悪臭は、もう階段を上る途中から漂ってきた。

いつしか居間の椅子にかけてあるタオルを手にしていた。その刹那、健二郎は自分でも思ってもみない行動に出る。

「それで……。それで、首にかけていたタオルを手にして、首を絞めちゃった」

健二郎は能面のような表情のまま言った。夫婦の絆が惨劇に変わる瞬間だった。

——首を絞めたとき、奥様は？

「布団で、仰向けで寝たままぜんぜん動かない」

——そのタオルは……。

「いつも仕事場で使ってる、汗拭き用のタオルです」

――使い慣れたタオルで。

「タオルでもね、旅館で配られるような、あれ。生地の薄いやつね。よく旅行へ行きましたから、そういうタオルがいっぱいあり普段使いしていたんです」

――奥様の顔を見て首を締めようと思ったのか、それとも階段を上っているときから〝殺してやる〟と考えていたのか。

「いや、無意識。『殺そう』なんて考えてない」

――それは1回目、夜8時の時点でもですか？

「なかった」

――どうタオルを首にかけて絞めたんですか？　そのときの状況は。

「女房が仰向けで寝ているでしょう。私は枕元に座り、手で女房の首と頭を持ち上げ、下からタオルを入れて首に一巻きして、交差したタオルの左右の端と端を持って、ギュッと」

――頭を持ったときの奥様の反応は。

「全然ない」

――では、首を絞めたときは。

「苦しむような表情をすることはなかった。いまでも不思議に思うんだけど、首を締めても、もがきもしない。両手を胸の上で拝むように合わせたまま、身動きひとつしなかった。首を絞める直前に女房と目があった。瞳孔が開いてました。白目がなく黒目だけで、目が全部真っ黒。何も言いません。お互いに」

――健二郎さんの心中は？

「もう死んじゃってるんだなって」

――締める前に？

「そう。こういう死に方ってあるのかなって。うちの女房の兄が田舎にいるんだけど、その兄から聞いたおふくろさんをみとったときの状況と似てましたね。だから、親子で同じような死に方をするのかなと」

――足をばたつかせるとかも。

「ない。静かでしたよ」

――奥様もそれを望んでいるようだった。

「かもしれないね。そう思う。不思議ですよ。少しでも抵抗すれば、また違ってたんだろうと思うんだけど。抵抗は一切なかった」

——力を込めて絞めないと死ぬまでには至らないかと思います。もし奥様が抵抗していたら、力を緩めたかもしれないっていう思いが。

「力はそんなに入れなかったよ」

——加減をしていた？

「加減……、どこかでそういう気持ちがあったのかな」

——殺意はなかった。

「『殺したい』って思ったことなんて、ない」

——では楽にしてあげたい、というような……。

「そっちの方が強いかな。女房は女房で苦しんでいたからね」

——罪の意識はありましたか？

「あんまりなかった」

——病気はどんどん進行する。なのに施設にも入れない。この生活を早く終わらせるにはこれしかなかった、と。

「そこまで断言はできないけど。ただ、はっきり言えることは、私が先に逝って、女房だけになったら、女房は大変だったろうなとは思います。私以上にね」

——奥様が亡くなった直後から逮捕に至るまでっていうのは、自宅でずっと一緒にいた？

「私は殺したその晩に、すぐに警察署へ連れていかれました」

——どなたが通報されたんですか？

「最初、私が１１０番と１１９番を鳴らした。でも通じない。だから、近くに住む姉へ電話した。そしたら5分ぐらいで飛んできてくれた。姉がすぐに警察と消防署に電話して、すぐにパトカーが来ました。11時45分ごろのことです」

——犯行は10時半頃ですよね。絞めてからどのくらい経って亡くなったのが分かったのか。

「2分後ぐらい。顔がうっ血してきましましたから。それでタオルを外して体を触ったら、もう冷たくなってました。で、あっ、死んじゃったな、と。

最初に救急車が来ました。応急処置で一度息を吹き返したらしいですね。で、死亡推定時刻は翌朝の8時すぎでした。私は警察署の取調室でそれを知りました」

——その2分間は何を考えていた？

「何も考えてないね。ただ、様子をじっと見ていた」
――いったん「息を吹き返した」と聞いたときは？
「良かったなと思いました」

これまでずっと妻の認知症に悩まされ続けてきた健二郎は、良かったなと思ったのは「認知症より後遺症のほうが介護は楽そうだからね」と話した。殺したかったわけではない。憎いのは認知症――そんなことを思わせる言葉だった。

私にとってはいい女房でしたよね

日は沈み、晩酌の時間になっても、横には誰もいない。富子さんのいない日々は何度過ごしても、胸をかきむしるような気持ちにさせると、健二郎は言う。

――いまでも後悔はない。

「（殺したことに後悔は）ないね。でも、一人きりになったから寂しいよね」

――奥様が先に亡くなったという後悔はあるけど、という意味ですよね。

「そう」

――お姉さんからは？

「あなたね、悪いことしたんだよ。人を殺したんだから。それを自覚をしないといけないよって言われました。その通りだなと思いました」

――罪の意識はあっても後悔はない？

「そう。罪名は殺人ですからね」


たとえ介護疲れの果てであっても、殺人犯である。当たり前の話だが、健二郎の苦境を思うと、その是非を部外者が問うことなどできないのではと思えてくる。

懲役5年、執行猶予3年――。裁判長は、「意思疎通も困難になった妻を介護する負担があった」と執行猶予付きの判決に至った理由を説明した。

殺人罪の法定刑は死刑、または無期、もしくは5年以上の懲役だ。だが介護殺人の場合は、裁判で執行猶予付きの判決を受けることが珍しくない。なぜなら、介護に疲れ果てるまでの経緯や背景を裁判所が考慮して、刑が軽減されるからだ。

いわば、ありふれた老老介護殺人事件として処理された形だが、その是非についてのきちんとした答えはなく、過去の判例にならって結論だけが示されたのが実情だ。


罪を犯した後、収監されることなく人知れず社会に溶け込む介護殺人犯にあって、健二郎のように実名、顔出しで語るケースは極めて稀だ。どんな思いで私の取材を受けてくれたのだろう。それが知りたくて、別れ際、１階の居間で晩酌の用意をしていた健二郎を呼び止め聞いた。

「私にとってはいい女房でしたよね、出来過ぎなぐらい。私は、一生懸命仕事して、一生懸命遊んできました。こうして取材を受けたのも、別に恥ずべき人生じゃないからです」

その言葉に、介護社会の問題の根が見えた気がした。そして介護殺人は、私たちにぐっと近い日常にあることも。

妻が年相応の体調でさえいてくれれば、認知症を患うことになってさえいなければ、そうであっても特養に入所できてさえいれば、決して殺しという選択肢には到達しなかったはずである。

おわりに

「（殺したことに後悔は）ないね。でも、一人きりになったから寂しいよね」

5人の告白のなかで、「千葉老老介護殺人事件」の犯人・小川健二郎が語ったこの言葉がもっとも印象に残った。開き直りではなく、むしろ、憐れみをふくんだ、慈しむような目を健二郎はしていた。

罪を犯した者は等しく裁かれるべきである、という信念が揺らぐ事件だった。多くが惨劇である一方で、悲しみや切なさを纏った耐え難い日々を経て、ついには殺しに至る悲劇があることを、私はかみしめながら帰途についた。

今日もどこかで凶悪な事件が起こり、新たな殺人犯が生まれる。私はいずれ彼らにもコンタクトし、話を聞くことになるだろう。

この場を借りて、本書の取材に協力してくださったすべての方に心から感謝申し上げます。

２０２４年11月30日　高木瑞穂

●参考文献と参考サイト

週刊文春 ２００９年11月19日
35歳元ホステス上田美由紀
読売記者は一千万円貢いで特急にひかれ、県警刑事は五百万円貢いで窒息死した

アサヒ芸能 ２０１９年2月28日
上田美由紀　鳥取連続不審死「東の毒婦」にブチ切れた

FRIDAY ２０１０年9月3日
静岡発 遺体をうち捨て、２０００万円の預金をネコババ
妻と不倫相手を絞殺「元振り込め詐欺男の鬼畜人生」

『介護殺人　追い詰められた家族の告白』毎日新聞大阪社会部取材班（新潮社）

NHKニュース　２０１８年6月18日
相模原・男性路上刺殺事件　40歳の男を殺人容疑で逮捕　容疑を否認

日本経済新聞社「口裏合わせ頼まれた」　鳥取不審死公判で元同居人証言２０１２年10月23日
httpS://www.nikkei.com/article/DGXNASDG22046_S2A021C1CC1000/

朝日新聞デジタル ２０２３年1月15日
鳥取連続不審死の上田死刑囚が死亡、食べ物詰まらせたか　広島拘置所
httpS://aSahi.com/articleS/ASR1H4JQ7R1HUTIL009.html

みんなの介護
httpS://www.minnanokaigo.com/guide/homecare/elder-to-elder-nurSing/

東洋大学医療センター佐倉病院内科学神経内科・榊原隆次
httpS://www.jStage.jSt.go.jp/article/jpnwocm/20/1/20_8/_pdf

MDSマニュアル/家庭版/10. 心の健康問題/統合失調症および関連障害群/妄想性障害

発達障害って、なんだろう？
httpS://www.gov-online.go.jp/featured/２０１１04/index.html

みんなの障害
httpS://www.minnanoSyougai.com/guide/

信濃毎日新聞デジタル ２０２３年4月14日
行政の対応不備認めず、請求棄却　秋田、一時帰宅の女児殺害

産経新聞デジタル ２０２４年1月17日
２審も対応不備認めず　秋田、一時帰宅の女児殺害
httpS://www.Sankei.com/article/２０２４0117-GWN4DWJDPROUJDVF74Y3WMDDSY/

殺人の追憶
惨劇と悲劇はなぜ起きたのか
犯人５人の告白を書き記す

２０２４年12月25日　第１刷発行

著者　高木瑞穂

発行人　尾形誠規

発行所　株式会社鉄人社
〒162-0801 東京都新宿区山吹町 332
オフィス 87 ビル 3 階

TEL 03-3528-9801

FAX 03-3528-9802

https://tetsujinsya.co.jp/
カバー＆表紙デザイン　前田晃伸
本文デザイン　サンゴグラフ

印刷・製本　モリモト印刷株式会社

ISBN978-4-86537-290-8　C0095